T0196496

Frente al volcán

Frente al volcán

Crónicas de un viajero holandés en Nicaragua

Traducido por Ricardo Cuadros y adaptado al habla nicaragüense por Ulises Juárez Polanco

Maarten Roest

FRENTE AL VOLCÁN
CRÓNICAS DE UN VIAJERO HOLANDÉS EN NICARAGUA

iUniverse books may be ordered through booksellers or by contacting:

iUniverse
1663 Liberty Drive
Bloomington, IN 47403
www.iuniverse.com
1-800-Authors (1-800-288-4677)

Because of the dynamic nature of the Internet, any web addresses or links contained in this book may have changed since publication and may no longer be valid. The views expressed in this work are solely those of the author and do not necessarily reflect the views of the publisher, and the publisher hereby disclaims any responsibility for them.

Cover design © Omar Iglesias
Cover picture © Maarten Roest
Picture author © Giulio Napolitano

ISBN: 978-1-5320-1744-5 (sc)
ISBN: 978-1-5320-1745-2 (e)

Print information available on the last page.

iUniverse rev. date: 02/25/2017

Este libro está dedicado a la memoria de José Ángel *Vampiro* Meléndez Córdoba, boxeador profesional de Panamá que entregó su corazón a la revolución sandinista.

Difícil es y duro el luchar contra el Olimpo
acuoso de las ranas.

Carlos Martínez Rivas

Índice

OMETEPE

La Reina del Lago

Los vientos de enero soplan fuerte en el lago. Bajo el cielo despejado los dos volcanes se elevan limpiamente desde el agua. Justo arriba del Concepción cuelga una pequeña nube, como un sombrero sobre su cráter. El volcán Maderas se baña desnudo al sol de la tarde.

El barco sale a las tres y media. Ya compré un pasaje y me siento en uno de los puestos de comida junto al muelle. Tengo tiempo de sobra para un almuerzo. Pido arroz con frijoles, pollo asado, plátanos fritos y una cerveza Victoria, una de las mejores de Nicaragua.

San Jorge está a dos horas al sur de Managua. Al llegar a la iglesita blanca en medio de la aldea hay que doblar a la izquierda y luego tomar a la derecha por la calle adoquinada. Se pasa entre dos torres que hacen pensar en las de un castillo, solo que no tienen chapiteles y son de hormigón. En la que está a la izquierda hay una boletería y en la otra se indican las distintas tarifas para buses, autos y motos. Es probable que para Semana Santa sea necesario pagar peaje, pues es pleno verano y la gente acude en masa a las playas de San Jorge. Después de las torres, a unos doscientos metros, el camino termina en el muelle, cerrado con una reja de hierro. A ambos lados se extiende la playa. A la orilla del agua se ven mujeres lavando ropa en bateas con patas de madera y niños que desafían la rompiente.

Un empleado abre la reja para que un camión cargado ingrese al muelle. La cierra de inmediato. Los pasajeros deben esperar. Ya hay algunas familias junto a la entrada. Madres con niños de la mano, abuelas que se protegen del sol con un paraguas, muchachos sentados en grandes bolsas de deportes.

En una mesa cercana hay dos mujeres que parecen estar pasándolo de maravilla. Ante ellas tienen una botella de ron, dos vasos de Coca-Cola y un recipiente con cubos de hielo. Una le pregunta a un hombre que viene con una caja de Pepsi al hombro si no quiere tomarse un trago con ellas. La otra, al darse cuenta de que las estoy mirando, me llama.

—¡Vení vos también!

Levanto mi botella de cerveza y le hago un gesto de que todavía me queda.

Dejo ir la mirada sobre la masa de agua, que parece infinita. Hasta el volcán Concepción hay una hora en barco. Más allá, al otro lado, han de estar las lomas de Chontales.

La ventolera arrastra nubes de polvo sobre la terraza. Me cubro los ojos con una mano. El viento sopla mucho en Nicaragua, también cuando llegué por primera vez, hace más de un año. Venía de una fría Europa y en el momento en que salí del avión en el aeropuerto de Managua lo primero que sentí fue el aroma. Y el calor. Me dio la sensación de estar entrando en un invernadero. Olía y era igual de caliente.

Por entonces tenía una imagen más bien vaga de Nicaragua. Un país tropical que había vivido una revolución. El rostro de Daniel Ortega sí me era conocido: lentes gruesos y bigote bajo una blanda gorra militar. No me entusiasmaba, me parecía un tipo sin carisma. La lucha de sus hombres, los sandinistas, irradiaba valentía pero a la vez algo triste, algo de imposible. Justo a mi llegada los sandinistas acababan de perder las elecciones por segunda vez. El pueblo se quejaba. Todo estaba más caro, la luz, el teléfono, la gasolina. ¿Cómo juntar el dinero para la educación de los niños? ¿Y si había que llevarlos al hospital? Antes todo era distinto, las necesidades estaban cubiertas. Además las calles eran más seguras. En la actual Nicaragua ya nadie hacía nada por los pobres. La gente robaba por desesperación.

Hacía mucho que el país había dejado de ser la «Nicaragua tan violentamente dulce» del escritor argentino Julio Cortázar, a cuya pluma se debe una de las más apasionadas declaraciones de amor a la tierra de la revolución sandinista. En la nueva Nicaragua—la de Cortázar—reinaban tanto «la sonrisa de la libertad» como «la libertad de la sonrisa». Quienes llegaban al aeropuerto de Managua sentían una brisa muy distinta del viento abrasador que me llenaba hoy la cara de polvo. «Viento de libertad fue tu piloto y brújula de pueblo te dio el norte» le escribía Cortázar al viajero, y por si le cupieran dudas: «No, no te equivocaste de aeropuerto, entrá nomás, estás en Nicaragua».

Cuando hace un año salí del aeropuerto, no sentí vientos de libertad desordenándome el pelo. Tampoco esperaba que alguien me señalara el norte. A fin de cuentas no había llegado aquí por nostalgia revolucionaria. En julio de 1979, cuando los sandinistas derrocaron al último dictador Somoza, todavía no cumplía los doce años. Por entonces las noticias de Latinoamérica que me interesaban venían de Argentina, donde el año anterior la selección holandesa había perdido la final del Mundial de Fútbol. Además, ¿qué clase de revolucionario podía ser alguien como yo que nació dos meses antes de la

5

deshonrosa muerte de la encarnación del Hombre Nuevo, el Che Guevara? ¿Acaso la revolución no había muerto con él?

En la Nicaragua posterior al levantamiento de 1979 lo que rondaba por las calles no era la alegría sino el fantasma de «una segunda Cuba», a como temía Estados Unidos. Nicaragua tendría que haber sido el país de la reforma agraria y la alfabetización, la «democratización de la cultura», el teatro popular, los talleres de poesía y la pintura primitivista, la tierra de las misas campesinas, del Dios del pueblo donde cristianos y marxistas luchaban unidos por una sociedad justa, el país donde había tenido lugar una revolución total que el sacerdote Ernesto Cardenal resumía de esta manera: «la Revolución es la principal obra de arte que ha creado nuestro pueblo».

Lo que vi me dejó atónito. Las chozas de chapa corrugada y techos de zinc oxidado. Los niños en los semáforos, vestidos con harapos, los pies sucios, sus rostros que parecían tiznados por los gases fétidos que soltaban los autobuses. Por primera vez tenía la pobreza ante los ojos. Es cierto que también vi muchas sonrisas. En las puertas, los cruces de calles, las paradas de autobuses. Si eran sonrisas de libertad es algo que no podría asegurar. Después de un mes había aprendido una cosa: uno se acostumbra a la pobreza. Como al arroz con frijoles con pollo asado y plátanos fritos. Y el calor. Después de bajar por la escalerilla del avión ya prácticamente no percibes el olor a invernadero.

Al mes de llegar también subí a la Loma de Tiscapa, el punto más alto de la zona urbana de Managua. Un lugar paradójico. Allí se alza el monumento a Sandino, obra de Ernesto Cardenal, como una gigantesca oda a la libertad, y a poca distancia se encuentra el llamado «búnker» de Somoza, donde su Guardia Nacional practicaba las más horrorosas formas de tortura.

Desde la loma se tiene una amplia vista de Managua, «de pie entre ruinas, bella en sus baldíos», como dejó escrito Cortázar a comienzos de los ochenta. Lo que encontró el escritor argentino fue una ciudad hecha pedazos. Después del terremoto de 1972 casi todo el dinero para la reconstrucción había desaparecido en los bolsillos de Somoza y en los años de la guerra, en la década del ochenta, la gente tenía preocupaciones más urgentes que restaurar la ciudad.

A partir de la paz, en 1990, los escombros desaparecieron de las calles y alrededor de los pocos edificios que no derrumbó el terremoto se construyeron otros nuevos. No lejos de la torre blanca del Banco de América apareció un edificio de departamentos con espejeantes ventanas azules y a la sombra del Hotel Intercontinental—pirámide oblonga a los pies de la Loma de Tiscapa—destaca un centro comercial. A pesar de estas novedades, a lo que más se parece la ciudad es a un extenso suburbio despoblado. No es fácil encontrar casas entre las palmeras y los plátanos a las orillas del Xolotlán, el lago de Managua. Bajando de la loma van apareciendo los sitios vacíos. Donde antes estaba el centro de la ciudad solo quedan algunas ruinas y a nadie le causa sorpresa ver una vaca pastando.

La estatua sigue ahí. En actitud combativa, el perfil orgulloso, levanta su arma al cielo. El azul del hierro está sin duda más desteñido que cuando sus simpatizantes, atraídos por el grito de libertad que parece brotar de su boca, se fotografiaban al lado del «guerrillero desconocido». Me pregunto qué ha pasado con estas fotos y cuántas seguirán en los álbumes familiares.

Más adelante, detrás del Palacio Nacional y de la antigua catedral sin techo, comienza el bulevar de Managua. Si imaginamos una avenida bajo palmeras mecidas por la brisa, con terrazas llenas de gente a un costado y una playa en pendiente al otro, tendríamos una elegante ciudad junto a un lago: en Managua sí hay palmeras a lo largo del paseo, pero el muelle de madera suspendido sobre la orilla apenas deja ver el agua. La ciudad «le ha dado la espalda a su lago para hacer en él sus necesidades y convertir sus aguas en un estercolero», escribió Sergio Ramírez, uno de los novelistas más conocidos de Nicaragua y vicepresidente durante el sandinismo. Cuando el viento sopla hacia la tierra el hedor a alcantarilla es insoportable.

A varios metros bajo el muelle se ven bloques de cemento, escombros y basura. El agua golpea con fuerza pero la piedra es dura y soporta sus embates. Según Ramírez, «el lago es un espejismo» y Managua—«la novia burlada del Xolotlán»—es la enemiga de su entorno y de la naturaleza, que suele cobrar venganza, como hizo con el terremoto de 1972.

Cuando Cortázar murió, en 1984, se llevó a la tumba su prometida Nicaragua. Después, el rostro del dulce país comenzó a hacer muecas. Se estableció la censura. El ejército comenzó a cometer excesos. Es difícil imaginar lo que hubiera pensado Cortázar de los líderes sandinistas que después de la derrota electoral de 1990 se quedaron con empresas, tierras y casas del Estado. Este robo fue conocido como «la piñata», un juego en que los niños apalean un muñeco lleno de golosinas hasta romperlo y abalanzarse sobre los dulces desparramados por el suelo. Una sola palabra para desenmascarar una revolución popular, una sola imagen: la cabeza de un muñeco de papel destrozada a palos. La sonrisa había desaparecido.

Hoy en día los escritos de Cortázar sobre Nicaragua se leen como homenajes románticos a la utopía. Pero claro, esto es a posteriori, cuando todo ha terminado. El Muro de Berlín ya no existe, la Guerra Fría es un capítulo en los libros de historia y Nicaragua perdió su revolución. El pequeño país que alguna vez pareció tan grande en su lucha ya no está en el pensamiento de los maestros de la literatura y dejó de interesar a la prensa mundial.

En Managua todos te hacen advertencias. El primer consejo es que no se salga a pie a la calle. Mejor tomar un taxi o manejar tu propio vehículo. Las portezuelas con seguro, las ventanillas cerradas y el aire acondicionado funcionando. Al detenerse en un semáforo hay que cuidarse de los niños que andan por ahí. En este sentido las rotondas son una bendición: no tienen semáforos. Por ejemplo la de Metrocentro. ¿No es un placer mirar de noche los chorros de agua rojos, verdes, amarillos y azules que brotan del centro de la rotonda? Junto al enorme aviso de la cerveza Victoria apareció un gigantesco cartel de Coca-Cola. McDonald's abrió sus puertas. Señales inequívocas de progreso. Los nicaragüenses le estaban poniendo nuevamente el hombro a su país. ¿Acaso no se veían menos hoyos en los caminos? ¿Y la economía no iba en ascenso? ¿Y no era ya cosa del pasado el treinta mil por ciento de inflación del sandinismo?

El nicaragüense es un pueblo locuaz. Escuché historias de ayer y de hoy, un recuerdo alentador junto a una diatriba llena de resentimiento, alegría mezclada con desesperación, nostalgia y alivio. Por lo general eran historias que no me servían para los artículos sobre Centroamérica que estaba escribiendo. Ninguna primicia mundial o explicación global de los acontecimientos. A lo más algún detalle que ponía orden en los fragmentos de la historia colonial o de los sangrientos años ochenta, o un comentario casual que echaba luz sobre las diferencias entre los descendientes de los españoles y los indígenas o los negros del Caribe. A veces era la expresión en unos ojos lo que daba vida a reflexiones teóricas sobre la dura existencia de los mestizos.

El empleado del puerto abre nuevamente la reja y los pasajeros entramos al muelle para subir al barco. Finas gotas esparcidas por el viento me mojan la cara. El muelle termina en un muro de oscuros bloques de piedra, tras el cual, fuera del alcance de las olas, está amarrado la Reina del Lago. Da la impresión de que su casco verde podría caber en una de las grandes olas que revientan contra los bloques de piedra, pero según dicen hasta ahora nunca ha habido accidentes y la Reina, sin importar el tamaño de las olas, seguirá navegando.

A las tres y media en punto sueltan las amarras y el barquito entra rezongando en las turbulentas aguas. La zona más revuelta del lago queda frente a la costa de San Jorge. La nave se eleva y cae, se balancea con brusquedad, avanza intrépidamente lago adentro. Entra agua por estribor. Una mujer se lleva la peor parte, pero ríe. Sus compañeros de viaje miran y ríen con ella. Siguen conversando. Mi vecino me asegura que a veces es mucho peor. Cierra los ojos para dormir una siesta.

La Reina se dirige hacia Moyogalpa, a los pies del Concepción, el más alto de los dos volcanes. El más cónico de Nicaragua, dicen en la isla. A medida que nos acercamos la montaña se va haciendo más grande. En su mitad inferior crecen árboles, después la pendiente marcada por profundos surcos sube hasta terminar en la afilada cumbre. El viento se llevó el sombrero de nubes y ahora el cráter parece una fauce abierta hacia el cielo. En los últimos años el Concepción ha estado nuevamente activo.

Por el contrario, el Maderas calla desde hace siglos. En su amplio cráter se ha formado una laguna. En la distancia, la enorme montaña con su manto de espesa selva tropical transmite calma.

Cuenta la leyenda que los primeros habitantes de Ometepe fueron indígenas, los chorotegas, que venían huyendo de México donde habían sufrido la opresión de los olmecas. Un día decidieron buscar otro lugar para vivir y consultaron a los dioses, que les dijeron que la tierra prometida estaba hacia el sur. No debían detenerse hasta encontrar un mar dulce con dos montañas. La nueva patria fue llamada Ometepec u Ometepetl, dos montañas.

Según el ensayista y poeta Pablo Antonio Cuadra (1912-2002) la historia de Nicaragua comienza con la llegada de los chorotegas. Durante toda su larga vida Cuadra anduvo en busca de las raíces de su patria. Para él, Ometepe era «el símbolo más auténtico y expresivo» del país. No por nada, señalaba, el escudo nacional está formado por dos volcanes que emergen del agua. A su vez, los volcanes de Ometepe, uno ardiente y explosivo, el otro siempre en calma, representan lo más esencial del alma nicaragüense: su ambigüedad o división íntima.

11

Sandino contra Somoza. La paradoja de Tiscapa persigue a Nicaragua desde el inicio. Los pacíficos chorotegas debieron hacer frente a los belicosos nahuas. Con la llegada de los españoles los indígenas cayeron bajo la espada de los conquistadores. Indígenas y españoles, conquistadores y conquistados, se mezclaron para dar origen al mestizo y desde su independencia, a comienzos del siglo XIX, el país fue pasando de una guerra civil a otra. La última terminó en 1990.

Cuadra opinaba que hay una sola cosa que no causa división en Nicaragua: la poesía. El único símbolo respetado por todos es Rubén Darío, uno de los más importantes poetas de lengua castellana, el primero que expresó en palabras la contradictoria identidad nicaragüense: «siempre quiero ser otro». En los billetes de cien córdobas se lee un verso suyo: «cuando la patria es pequeña, uno grande la sueña». A menudo se oye decir que si Nicaragua es un país de gente que habla mucho, se debe a que en el corazón de cada nicaragüense anida un poeta.

Pablo Antonio Cuadra veía por todas partes las señas de la dualidad. ¿Qué pensar si no de las dos estaciones del año, invierno y verano, el tiempo seco y el de lluvias? ¿O del paisaje? Los lagos y los volcanes—en «armonía áspera» según dijera Rubén Darío—dan forma a la «fusión antagónica del ardor potente de nuestras tierras con la serena placidez de nuestras aguas».

Visto así, no hay mejor lugar que Ometepe para llevar a cabo lo que vine a hacer: escribir un libro sobre Nicaragua.

Nos acercamos a la costa. Las olas se han calmado al abrigo de la isla. El Concepción se eleva majestuoso por encima de la serena superficie de las aguas y comprendo el sentido del apodo de Ometepe: la Reina del Lago.

Mi vecino ha abierto los ojos.

—Ometepe es un lugar tranquilo—dice.

Él lo sabe bien: nació y se crio aquí. En los últimos días se vio obligado a permanecer en Managua, en su opinión una ciudad horrible. El calor, la suciedad, el ruido del tráfico. Y la criminalidad. En Managua tu vida siempre corre peligro.

—Nada como esta isla—asegura sonriente.

La línea de la costa está oculta detrás de la vegetación tropical, espesura verde de la que sobresalen, aquí y allá, las copas de las palmeras. La Reina toca tierra en el muelle de Moyogalpa.

El camino principal en torno al Concepción comienza en el centro. Cruzando la ciudad capital, Altagracia, el camino vuelve a Moyogalpa. La finca Magdalena está a una hora de camino. Fuera de Moyogalpa no hay pavimento y la ruta se convierte en una vía ancha y polvorienta que pasa por Esquipulas, Los Ángeles y San José del Sur, donde comienza a subir. Concluido el ascenso, se puede apreciar la amplia bahía entre los dos volcanes.

La salida hacia el Maderas está un poco después de Urbaite, por donde se entra al istmo de Istián, que comunica los dos volcanes. Los geólogos suponen que alguna vez hubo dos islas, unidas más tarde por erupciones volcánicas. La ruta bordea la extensa playa de Santo Domingo. La carretera está cubierta de fina arena blanca y en algunos puntos se han formado pequeñas dunas. Una vez que la playa queda atrás el camino empeora, avanza entre piedras y hoyos, sube y baja en dirección a Balgüe, una de las primeras aldeas del Maderas.

Dejo atrás unas chozas de tablas, en el límite de la aldea, y subo en dirección al volcán. Primero a través de un platanal, luego bosque adentro. Me pregunto si los bloques de piedra que se ven por aquí y por allá habrán sido arrojados por el volcán. Las urracas vuelan graznando. El sendero cruza el lecho seco de un estero y sube hasta dejar atrás el bosque. Luego avanzo entre matorrales que me llegan a las rodillas y en lo alto de la colina diviso el techo de una pequeña construcción de madera, sus muros blancos y descascarados. La verja a un costado está abierta. Entro en la finca pasando junto a un corral donde se amontonan caballos y vacas. A mi izquierda está el edificio principal con sus bodegas y arriba el desván, desde la cual se tiene una formidable vista del lago. En la fachada destacan las letras rojas y desgastadas. Faltan dos, pero el nombre no es difícil de deducir: MAGDALENA.

Subo las gradas de piedra hasta el corredor. Desde la cocina llegan música y humo. Las tablas del suelo crujen bajo mis pies. Por el aire cruzan dos periquitos gorjeando alegremente. En el lejano bosque, en la falda del Maderas, resuenan los gritos de los monos aulladores. La suave brisa mece las hojas de una palmera. Una garza blanca vuela silenciosamente en dirección al lago que va cambiando de color, de azul metálico a gris suave, mientras el sol se oculta detrás del Concepción. Encima de su cráter flota nuevamente una nube parecida a un sombrero. Bajando por la ladera oeste el azul pálido se convierte en una franja de tono anaranjado que flota sobre el oscuro istmo. Más cerca se distingue el tronco grueso y corto de un genízaro. Sus ramas apuntan como dedos hacia el cielo cada momento más oscuro.

«De repente me pregunto por qué tengo que contar esto», dice Julio Cortázar en uno de sus más bellos relatos. Mientras narra, el escritor reflexiona sobre la necesidad de hacerlo y como respuesta escribe: «Pero si empiezo a hacer preguntas no contaré nada; mejor contar, quizás contar sea como una respuesta, por lo menos para alguno que lo lea».

La Magdalena I

Es que somos muy pobres.
Juan Rulfo

Al despuntar el día comienzan a cantar los gallos y a gruñir los cerdos. A las seis, cuando bajo de mi habitación, las mujeres ya están trabajando sobre la mesa, en cuyo centro se amontonan los granos de café. Han traído a sus niños, que pueden ayudarlas en la escogida de café.

Después del segundo tramo de peldaños me encuentro en la cocina, donde como siempre a esta hora la radio suena a bajo volumen. Blanca ya ha encendido el fuego. Retira una olla con plátanos cocidos y revuelve los frijoles que borbotean al lado del arroz.

—Ajá, Maarten—responde como de costumbre a mis «buenos días» y mira hacia afuera por la ventana con gesto satisfecho. El fuego arde y se escucha su emisora favorita, Radio Tigre: el día ha comenzado.

Bajo trotando hacia Balgüe por el sendero entre los platanales. En el camino me saludan los campesinos que vienen subiendo a pie o a caballo. También me saludan los aldeanos. Ya no les sorprende la figura del gringo que cada mañana hace ejercicios en una placita del pueblo y regresa corriendo cuesta arriba. Me detengo a recobrar el aliento en la verja de la finca, luego cruzo el patio y subo la escalera del corredor. Los hombres han llegado y están por desayunar, antes de iniciar la jornada. Uno por uno van entrando a la cocina con sus tazones de plástico y Blanca les sirve arroz, frijoles y un plátano cocido.

—¿Y?—pregunta Feliciano con su risa de siempre—. ¿Cómo están esos puños?

Todavía jadeando le muestro un puño apretado y subo los dos tramos de escalera hasta mi habitación. Los huéspedes duermen donde fueron las bodegas de las naranjas, dos salas grandes que dan al frente, pero a mí me ofrecieron la habitación trasera. Tengo un ropero, una cama y una mesita para escribir. De la viga del techo cuelga un saco maicero lleno de arena y serrín que instalaron hace unos días para mí. Abro la ventana y miro la masa de granos de café extendida para su secado en las terrazas de cemento. Los pastizales se extienden en ascenso hasta el inicio del bosque, que como casi todas las mañanas es invisible tras las nubes que cubren gran parte del Maderas.

Para los niños mi entrenamiento es una diversión. Apenas comienzo a golpear el saco aparecen ante la puerta. Son las siete y media y hoy solo ha llegado Franklin, mi seguidor más fiel. Entra y va a sentarse al borde de la ventana. Es un niño callado pero de vez en cuando hace declaraciones sorprendentes. «Soy indio», dijo un día. «Estoy enfermo», declaró en otra oportunidad. Cuando hago una pausa, dice:

—Mañana me voy para Granada y no voy a volver nunca más.

En Granada vive su hermano, que es muy buen boxeador. Ha ganado muchos combates.

—¿Y vos?—quiere saber.

—Nunca he boxeado.

No me cree.

—Te lo prometo. Ésta será mi primera pelea.

Cuando termino y me estoy secando el sudor Franklin se pone mis guantes y comienza a golpear furiosamente el saco. Me mira con gesto desafiante. Tenemos que entrenar un poco, le digo. Quiero ver tu izquierda. A ver, un derechazo. Uno, dos. Ahora un gancho de izquierda. Izquierda, derecha, gancho y nuevamente derecha. Izquierda, derecha. Franklin pierde rápidamente interés, se quita los guantes y sale corriendo de mi habitación.

—¿Pan, miel, jugo y fruta?—pregunta Yadira cuando me siento a la mesa en el corredor.

—Y café.

—Y café. Bien caliente, ¿no?

Yadira ríe, cubriéndose la boca con un pañuelo. Creo que ni ella ni Blanca entienden todavía que no coma frijoles y arroz por la mañana. Ni siquiera un huevo. ¿Y además café que suelte vapor?

Mañana le sacan otro diente, dice Yadira. Le da vergüenza, por eso el pañuelo en la boca.

Después de desayunar me siento al borde del corredor a fumar un cigarrillo. Se oye un redoble. Desde un costado aparecen las vacas y los caballos envueltos en una nube de polvo. El paso de la manada causa un rumor sordo, por encima del cual resuenan el chasquido del látigo y el «ho, ho, hui, hui» del jinete que la conduce al corral. Los animales se abalanzan sobre los bebederos y cuando han satisfecho la sed se dispersan. Comienza la prolongada espera. Un potrillo encuentra lugar detrás de una yegua, quizás su madre. Ambos dejan caer la cabeza y se quedan quietos, en la misma posición. Una vaca se rasca el pescuezo contra un tocón, en medio del corral. Un caballo se restriega las ancas en la empalizada. Cae un corto aguacero que los animales soportan mansamente. Los caballos permanecen quietos, los cogotes caídos, todos vueltos hacia el mismo lado. De la imagen de los animales, como de una naturaleza muerta, emana una heroica resignación. Aun cuando el mundo acabara seguirían viéndose crines ligeramente sacudidas o un escalofrío que recorre una espalda. Esperar, nada más, hasta que el jinete los lleve nuevamente a pastar.

Regreso a mi habitación y me siento ante la mesita. Afuera, la cerda cruza la terraza. Juan llega corriendo y la ahuyenta. Una vez dijo «este patio es un bonito cagadero». Pero ahora, con los granos de café al sol...

Dos campesinos van subiendo por el sendero en la ladera. Los observo hasta que desaparecen tras los árboles. La capa de nubes ha comenzado a disiparse y aparece el verde del volcán. A veces pienso en las historias que escribo en esta mesa como en jirones en un cielo tropical que cambia permanentemente, las nubes en movimiento se abren y se cierran, desaparecen y regresan, ceden y otra vez revelan el inmenso misterio verde.

Tengo aquí las notas de mis conversaciones con Evert Lezama, un agrónomo a quien conocí en el par de meses que pasó en la Magdalena dando asesoría administrativa a la cooperativa.

Lezama me habló de su León natal, la primera ciudad liberada de Nicaragua, como dice la gente. Los guerrilleros del Frente Sandinista combatieron desde las montañas al ejército de Somoza. Evert siempre había pensado: «quiero ser como ellos» y, aun cuando todavía era muy joven, se sumó a la lucha gracias a su primo Cristóbal, que estaba en la resistencia desde hacía años. Siempre andaban juntos. Cristóbal era su ejemplo, algo así como un hermano mayor. Una vez Evert entró al dormitorio de su primo y encontró un arma. De fabricación israelí, robada a la Guardia Nacional. Entonces Cristóbal le contó todo. Le habló de armas, las del Frente y las de la Guardia. En el ejército, Evert aprendió a diferenciarlas con el oído. El fusil FAL, de la Contra, hacía un ruido sordo, en cambio el AK de los sandinistas sonaba más agudo. Cristóbal le habló también de la situación nacional, le explicó que Somoza era un dictador, que los campesinos no tenían tierras, que todo estaba en manos de un solo hombre. Así había comenzado su educación política y al poco tiempo ya sabía por qué se luchaba: por una sociedad donde reinara la igualdad y la tierra estuviera distribuida de manera justa. Lo usual era que tuvieras que pasar una prueba, por ejemplo poner una bomba, tender una emboscada a la Guardia o robar un banco para recolectar dinero para la revolución, pero Evert era demasiado joven para eso, no tendría más de trece años. Lo que hacía al comienzo era recorrer la ciudad en bicicleta e informar sobre los movimientos de la Guardia.

En 1978, cuando los guerrilleros bajaron de la montaña y avanzaban hacia la ciudad, la situación se hizo más dura y peligrosa. Si te agarraba la Guardia estabas perdido. Eras torturado en el lugar más odiado, el Fortín, donde tenían su cuartel general, el depósito de armas y las salas de interrogatorio. O simplemente desaparecías y te encontraban muerto días más tarde en las afueras, a la orilla de cualquier camino.

El Fortín está en una zona más alta que la ciudad, me explicó Evert. Cuando comenzaron los bombardeos desde allí, se desató la gran batalla, tres días, hasta el Día de la Liberación. Evert luchó en la retaguardia, pero estaba presente el 7, cuando los guardias salieron huyendo. En realidad todo el mundo estaba presente. Si no combatías colaborabas con comida o curabas a los heridos. El pueblo se había liberado, el 7 de julio de 1979, en León.

Después comenzó la guerra sucia. Evert se sumó a las tropas sandinistas que salieron en persecución de los guardias de Somoza, los contras, como se les llamó desde entonces, por contrarrevolucionarios. Los enfrentamientos tenían lugar en las montañas del norte, desde Wiwilí hasta Honduras, donde Estados Unidos entrenaba y apertrechaba a la Contra. Los que más sufrieron con la violencia fueron los lugareños, me decía Evert. Cuando los sandinistas sabían por dónde andaba el enemigo le disparaban cohetes y lo que veías al llegar a las aldeas eran restos de cuerpos quemados, brazos, piernas, pegoteados en los árboles, tirados por el suelo. A menudo la única manera de salvarse que tenía la población era colaborar con los contras. Estos no eran ni un pelo mejor que los otros, por supuesto, y también arrasaron muchas aldeas. Podías ver cuerpos colgados de los árboles, amarrados de pies y manos, los testículos cortados y metidos en la boca, cuerpos abiertos de arriba abajo, con las tripas afuera. Los buitres sobrevolando en las alturas.

Miedo, eso era lo que sentías continuamente, dijo Evert. La guerra era poner mucha atención: dos minutos en un lugar, dos minutos en otro, mirar a la derecha, a la izquierda, al frente y hacia atrás, siempre alerta, nunca quedarse mucho rato en un mismo lugar, tampoco moverse sin saber para dónde. Él temía las guardias nocturnas. Con la mirada perdida en la oscuridad del bosque, escuchando sus rumores, sentía profundamente la soledad y en lo único que pensaba era en largarse de allí. Evert sabía que la única manera de sobrevivir era no cometer errores.

—No querés morir, es cuestión de instinto.

Él estuvo en seis duras batallas. Solamente en medio del combate no sentía miedo. Cuando comienza la balacera el miedo se transforma en rabia, se siente subir desde el estómago y te hace poderoso, se siente fuerza, euforia, porque junto a tus setenta compañeros volarán la cabeza a esos hijos de puta.

Lo que venía a continuación era la soledad. A tu alrededor quedaban las víctimas, pero había que seguir. Solo, porque en el frente no se puede hacer amigos. Si murieran sería insoportable. Por lo tanto ahí estabas, con muchachos que no querías conocer, semanas enteras en las montañas donde no querías estar, pasando hambre y frío, todos asustados y echando de menos el hogar mientras que la única madre y el único padre que te podía mantener con vida era tu AK.

Cuando regresó del frente siguió apoyando a la Revolución, porque era buena para el pueblo, pero sin el entusiasmo que lo había llevado, antes de enrolarse, a participar en las campañas de alfabetización y las tareas que pedía la Revolución, el trabajo rojinegro, en los campos de algodón y los cafetales. Habían comenzado las preguntas. Combatías a los contras porque querían echar abajo la Revolución, pero en realidad fue Estados Unidos quien impuso la guerra porque no quería una segunda Cuba. Y por eso tuvieron que morir tantos jóvenes. Muchachos que apenas conocían el ruido de los disparos y el olor de la pólvora y ratatatata bam bum bam, salían corriendo y eran blanco fácil del enemigo. ¿Qué sentido tuvieron sus muertes? Al final lo único claro era que tenían que eliminar a los contras y estos a ellos: habían peleado una guerra entre compatriotas. Además, las cosas no se estaban dando como las habían prometido. Lo que primaba ahora era el totalitarismo y el control militar. En Nicaragua había más armas que habitantes. Todo lo que decían los sandinistas era ley, cerraron el diario La Prensa y el periodismo oficial solamente hablaba de las victorias del Frente. Los muertos no existían. «Ya no quiero seguir metido en esta farsa», les dijo a los sandinistas. Tuvo suerte de que no lo arrestaran. En cualquier momento podías tener en tu puerta al Servicio de Seguridad del Estado. O estabas con ellos, o contra ellos.

Para él lo más triste de la fiesta final de la campaña electoral, en 1990, fue la naturalidad con la que el Frente daba la elección por ganada. Cintas rojinegras en la cabeza, cada uno con su botella de ron en la mano, en el aire las viejas canciones de protesta. Toda esa atmósfera de triunfo, cuando las elecciones todavía no se realizaban. Y el pueblo eligió otra cosa. La gente no aceptó que le siguieran tomando el pelo. Había racionamiento, colas de horas para conseguir un par de huevos o un pedazo de pan. Además estaba el odioso servicio militar obligatorio. Muchas madres votaron en contra de los sandinistas. Y después de las elecciones vino la piñata, que terminó por desilusionar a los que aún creían en la Revolución.

Desde que hay democracia, dijo Evert, cualquier nicaragüense tiene derecho a expresar su opinión acerca del presente y el futuro del país. Esto es lo que se ganó con la paz. No obstante, en su opinión, los ideales fueron traicionados y a los partidos solamente les interesa conseguir una cuota de poder.

—A Nicaragua siempre la hemos tratado como a una puta. Nuestras leyes están hechas para romperlas.

Los nuevos gobernantes se dedicaron a favorecer a sus amigos, los ricos que habían huido a Miami y querían recuperar sus propiedades. Mientras tanto los sandinistas seguían llamando a la lucha: por la tierra, por la paz, por la hermandad, por la solidaridad, por la preservación del estado de derecho, por cualquier cosa.

—Pero los enfrentamientos no llevan a ninguna parte—dijo Evert—. La gente no quiere más matanzas. Otra guerra nos dejaría sin pantalones, sin calzoncillos, sin nada.

Son pasadas las doce, hora de almuerzo. Los campesinos están de vuelta del campo. En noviembre y diciembre tuvieron que trabajar duro en la cosecha del café, ahora es enero y hay menos actividad. Después de la usual porción de arroz, frijoles y un plátano cocido, la mayoría regresa a su casa. Que las mujeres sigan clasificando grano. Juan no se marcha porque vive en la finca con Blanca, y vivirá aquí mientras ella mande en la cocina. Feliciano tiene su casa en otra parte pero se queda unas horas extra casi a diario. Es el presidente de la cooperativa y siempre tiene algo que hacer. También está Bernabé, en la bodega donde se almacena el café después que las mujeres han terminado su jornada. La pila de paquetes de plástico naranja es cada vez más alta. Este año ha habido buena cosecha, el doble del año pasado, dice Bernabé saliendo de la bodega. Cuando cierra la puerta queda a la vista un mural de Sandino, en el que apenas se distingue el rostro del General de Hombres Libres. El deterioro se debe a que lo pintaron a comienzos de los ochenta, señala Bernabé, cuando la cooperativa estaba recién comenzando sus actividades.

Los arqueólogos vienen regresando, sucios y agotados. Uno pasa directamente hacia la ducha, otro se deja caer en un sillón y estudia los bosquejos que hizo hoy. Entretanto Yadira pone la mesa. Al rato los veinte arqueólogos están almorzando. Han venido a la finca por seis semanas. Para la jefa del equipo, Susanne, es el cuarto año de trabajo en la zona. Solo alrededor de la Magdalena han identificado más de dos mil petroglifos, objetos de greda, santuarios y sepulturas. No obstante, Ometepe sigue siendo un misterio. Se cree que el arte rupestre data del siglo VIII d.C. Los dibujos en las rocas representan animales y personas, ¿pero qué significan los círculos y espirales?

Cuenta la gente que un joven investigador nicaragüense tuvo la solución al alcance de la mano. Se habría encontrado con un anciano que le preguntó si, como investigador que era, sabía lo que significaban los círculos y espirales de Ometepe. Respondió que no. El viejo montó en cólera y le gritó: «¡entonces no sabés nada!» y acto seguido le reveló el misterio. Asombrado como estaba, el muchacho olvidó tomar notas de lo que oía y le pidió al anciano que por favor repitiera sus palabras, pero éste se negó y solamente le dijo: «lo sagrado debe guardarse en lo más profundo del alma».

Se oyen silbidos desde el corral. El jinete y tres muchachos conducen el ganado hacia los pastizales. El corral vacío parece ahora más grande. Al borde del bebedero hay cuatro garzas blancas con las cabezas hundidas entre las alas. Nada las inmuta, ni siquiera el relincho del caballo que tira del cordel al que está amarrado.

Al poco rato regresan el vaquero y los muchachos. Traen tres terneros, que dejan en un cobertizo junto al corral. Después de que el vaquero le ha metido espuelas a su caballo y ha partido al galope, los muchachos sueltan uno de los terneros en el corral. El mayor de ellos le echa el lazo, salta sobre su lomo e intenta jinetearlo. Asustado, el animal comienza a dar brincos. Luego uno de los más jóvenes hace la prueba de montarlo. Apenas puede sujetarse, aguanta un par de saltos y cae al suelo en medio de las carcajadas y gritos de sus amigos.

La ladera del Concepción se recorta en el resplandor anaranjado del atardecer. Desde la cocina se oyen los boleros—melodías que hablan de la inmensa pena que da el amor. Un cerdito que va pasando agrega sus gruñidos a la música, a los que se suman los cacareos de un gallo de cresta roja que persigue a una gallina. Es como si todos estos sonidos inundaran el decorado natural, desde el corredor hacia abajo en dirección al lago y más allá, en la distancia, subiendo por la falda del Concepción.

Incluso el sol, que se va hundiendo en el horizonte, parece moverse al ritmo que llega de la cocina. «El amor es una trampa, una trampa maldita». A Blanca, apoyada en la ventana junto a la radio, no es necesario hacerle este tipo de advertencias. Dueña de sí, observa cómo termina serenamente el día. Su sonrisa de satisfacción expresa una seguridad absoluta: todo estará bien mientras siga sonando Radio Tigre.

La pelea I

A la entrada está Oscar Alemán, el Burro, fumando un cigarrillo. Da una pitada y levanta lentamente los ojos.

—¿De vuelta?

Mira su cronómetro y se me adelanta hacia el interior, arrastrando los pies. La sala se encuentra debajo de las tribunas del estadio de Managua. La luz exterior cae por dos ventanas con barrotes sobre el suelo de cemento. Cuatro pilares, también de cemento, sostienen el cielo raso que desciende escalonado. Al fondo cuelga una hilera de cuatro sacos de boxeo.

—¡Tiempo!—grita Alemán.

Sus muchachos, en la esquina izquierda, descansan y esperan a que les lleve agua. El año pasado me cansé rápidamente del Burro y me cambié al otro sector. Ahora hay allí un muchacho moreno dándole golpes al saco.

—¡Venga! Jab, jab—le grita el Vampiro desde el centro de la sala—. ¡One, two! ¡One, two, y cruza con la izquierda! ¿Qué son esos golpes? Hay que ser vivo. ¡Más rápido! ¡Y más fuerte! ¡Mira!

Hace una demostración de una rápida serie de golpes.

—Cuádrate. Levanta las manos. Y cuatro golpes. Jab, jab, cruce, jab. ¡Venga, ¡más vivo!

Suspira decepcionado y va hacia el pilar donde tiene su botella de agua. Mira su reloj y hace una seña a sus pupilos.

—¡Fuera! Vengan.

Los jóvenes lo rodean. Vampiro les echa agua en la boca, deja la botella en el suelo y se aparta de ellos tarareando una suave melodía: «Pa, pa, pa...».

Le doy un golpecito en el hombro. Se vuelve lentamente y me mira de pies a cabeza. En sus labios se dibuja una sonrisa cautelosa:

—¡Gringo!

—¿Gringo?

—No, no... ¡Alemán!

—¿Alemán?

—Ah, sí... eh... ¡Holandés!

—Sí, holandés.

—¡El holandés, carajo! ¿Vienes a entrenar de nuevo?

—Y a pelear.

Da unas palmadas de alegría.

—¡Así me gusta! En un mes te tengo listo.

Arrugo el ceño. Nos acercamos al rincón donde tiene sus cosas sobre un escritorio desvencijado. Se recuesta en el mueble y grita a sus muchachos: «¡vamos!». Enciende un cigarrillo y me da una mirada interrogativa.

—Yo había pensado en mayo—digo.

El Vampiro refunfuña. No le parece. Estamos en enero. Marzo, dice, tres meses son más que suficientes, ¿o no? Pero el primer tiempo lo pasaré en Ometepe, le explico, a lo más vendré a Managua una vez por semana. Acepta a regañadientes y me suelta una mirada pícara.

—Esta vez no te fuiste con el Burro...

—¿Para qué? Medir el tiempo y llevar agua lo puedo hacer yo también.

—¡Muy bien! Finalmente te diste cuenta. Para boxear tienes que ir a Panamá. ¡Nosotros tenemos salsa! Los nicaragüenses no valen. Se lo digo en la cara a esta gente. Muchas palabras, pero no valen nada.

Cuando estaba por terminar mi primera estadía en Nicaragua, hace siete meses, entró al gimnasio un hombre con cara de vendedor de autos de segunda mano. Pidió información sobre mi peso y dijo que podía arreglar una pelea. Le respondí que no estaba interesado. El tipo insistió y finalmente le dije que regresara cuando tuviera todo listo. La verdad es que nunca se me había pasado por la cabeza subir a un ring a pelear. Yo simplemente entrenaba. Sin embargo no dejaba de ser una idea romántica: el ring, la esquina, la campana, un nocaut. En algún lugar de mi cerebro me sentía incitado al combate. Al Vampiro le parecía una excelente idea. A fin de cuentas uno entrena para pelear, ¿no? Pero el tipo no volvió más.

Pensaba incluir un cuento de boxeo en mi libro sobre Nicaragua. Después del béisbol, es el deporte más importante en el país. De pronto la romántica posibilidad estaba al alcance de mis manos: lo mejor era que yo mismo podría ser el protagonista del relato.

En Managua se organizan galas de boxeo casi todas las semanas. Tienen lugar en el Gimnasio Alexis Argüello—conocido como Alexis—que debe su nombre al mejor boxeador nacional de todos los tiempos. Alexis Argüello ganó su primer título mundial en 1974, contra la leyenda del box mexicano Rubén Olivares. Después vendrían muchas otras victorias. En la escena mundial Argüello es reconocido hasta el día de hoy por su fabulosa técnica.

—Alexis es lo mejor que ha dado Nicaragua— afirma el Vampiro—. Uno de los mejores boxeadores de Latinoamérica.

Él sabe de lo que habla: a mediados de los setenta fue sparring de Argüello. En ese momento su propia carrera estaba por terminar, después de veinte años en el cuadrilátero. Había comenzado muy joven. A los quince se puso por primera vez los guantes y un mes y medio después estaba en el ring. Dos años más tarde debutó como profesional. No tenía otra opción. Su madre había fallecido y él culpaba a su padre. Le dijo: «Mira viejo, tú tienes tu carácter, yo el mío y mejor cada uno por su lado».

Partió de la casa y tenía que ganarse la vida. No le fue mal. Echando los brazos al cielo, dice:

—Dios me ayudó a triunfar.

En total fueron setenta y nueve combates, dieciséis como amateur. Ganó cincuenta y dos, perdió veintitrés y empató cuatro. Peleó en Colombia, Venezuela, Ecuador, Perú, Brasil y Argentina. A los veintitrés años era campeón de Panamá.

—Me fui porque mi chica me engañaba. Yo la quería, de manera que me dije: «mejor te largas».

Primero estuvo en Costa Rica, dos combates y dos triunfos. Luego en Nicaragua: siete triunfos. Siguió hacia el norte por El Salvador, Guatemala, México.

—Siempre boxeando. Me gustaba la plata y para eso hay que pelear. Hasta Nueva York. Brooklyn, puros negros. Un nocaut y una derrota.

Hizo el viaje de vuelta a Panamá en un Volvo. En el bolsillo traía quinientos dólares y en la maleta un cheque de diez mil.

—No pasé de Nicaragua.

Según su propio parecer, como entrenador no le ha ido nada mal. En tres años ha dirigido a dos campeones nacionales y uno centroamericano. Juveniles. No, el dinero grande todavía no llega. Por el momento debe conformarse con los cincuenta córdobas mensuales que le paga cada pupilo, o treinta, si las cosas no andan bien. Pero bueno, para ellos tampoco es fácil.

—Cuando veo a todos esos niños en la calle, casi desnudos, pidiendo limosna, lustrando, limpiando parabrisas, ¿no es un escándalo? A mis muchachos siempre les digo que tengan cuidado. Que no roben ni beban ni se droguen. Pero nunca falta un par de blandengues. Míralo a ése, el jovencito: ¡Oye negro! ¡Sigue pegando! Alto, rápido, fuerte, pero no va a salir adelante. Es un marica. Dos peleas, dos derrotas. La segunda vez me di cuenta de inmediato, a éste lo van a noquear, así es que tiré la toalla. No vas a dejar que los maten a golpes, ¿no?

El Vampiro se queda callado y enciende otro cigarrillo. Después de una profunda calada dice en tono categórico:

—Algún día haré campeón a uno de estos críos. Que Dios me ayude.

Mira su reloj y grita:

—¡Okey muchachos, un minuto más! Sigan dándole. ¡Vamos!

Luego me mira.

—Bah, pandilla de flojos. ¿Qué puedo hacer con estos vagos?

Ríe y da unas palmadas.

—¡Holandés! ¡Carajo!

Unas semanas más tarde, de vuelta a Managua por un par de días, voy a entrenar. Mientras hago sombras el Vampiro camina a mi alrededor.

—Usa tu estatura, alemán. Guarda distancia y pica. Jab, jab, jab. Éntrale si es posible, y sal de allí, gira, tienes que salir de ese infierno. Saca este jab, holandés, ¡hostígalo!

Según el Vampiro los nicaragüenses son unos maricas, ya me daré cuenta. Hay que pegarles y volverles a pegar, eso les da miedo.

—¡Más rápido, más veloz!—le grita a Rodrigo, que está golpeando el saco—. ¡Y muévete!

A mí me recomienda lo mismo.

—¡Muévete, gringo! El box es salsa. Baile. Todo está en las caderas.

Rodrigo se está preparando para su primera pelea profesional, dice el Vampiro mientras jadeo después del ejercicio, y ya es tiempo: tiene cincuenta combates a espaldas. Consiguió un contrato por mil córdobas, gane o pierda. Nada mal por una pelea.

—¿Y qué ganabas tú, en tus tiempos?

—Dólares.

—¿Cuántos?

—Trescientos, quinientos, ochocientos. Por combate. En los años setenta, ¿eh?, cuando una cerveza no costaba ni diez centavos.

—La buena vida, pues.

—¡Y tú qué crees!

Mete los pulgares detrás de unos tirantes imaginarios:

—¡Vampiro Meléndez! ¡Sí señor! Buena ropa, amigos, mujeres. ¡Caché! No, yo no me quejo.

Volvemos a su escritorio. Es mucho más que bailar, me dice. Hay que tener maña, conocer los trucos y los secretos. Mirar, por ejemplo. En Panamá lo primero que se aprende es a mirar los pies de tu rival, para saber lo que va a hacer. Si da un paso a la izquierda, viene un izquierdazo. Si da uno a la derecha, un derechazo.

Después hay que mirar a los ojos. No importa lo que haga, se mira de frente, hay muchos maricas que no aguantan eso. Mirar, moverse, golpear, esquivar. Todo al mismo tiempo. Eso es lo que se llama boxear, en Panamá.

El Vampiro se sienta en el escritorio y habla de sus gloriosos años setenta. Durante el régimen de Somoza todo estaba permitido. Además él estaba siempre listo para cualquier cosa. Ah, aquellos viajes a la playa en Semana Santa. Dinero en el bolsillo y todo al alcance de la mano.

—¿Entonces por qué diablos te metiste en la guerrilla?

—Porque los tipos de la Guardia abusaban. Bajo Somoza había demasiada gente que sufría.

Se enroló en el Frente en 1978. Infla el pecho y se golpea el hombro izquierdo:

—¡Coronel Vampiro!

Participó en operaciones desde Costa Rica y en julio de 1979 celebró el triunfo de la Revolución con los sandinistas en Managua. Luego entró en el ejército, hasta que un disparo de mortero le hirió una pierna. Conocía personalmente a casi todos los comandantes, luchó codo a codo con muchos de ellos. Hacía menos de un año lo había llamado el comandante Tomás Borge. Tomasito, uno de los fundadores del Frente. Sesenta y seis años. Quería que le enseñara a boxear. El Vampiro se rasca por debajo de su gorra de béisbol con las iniciales FSLN.

—Por ellos me hice nicaragüense.

Dice que ama esta tierra desde el primer día en que la vio, sabe Dios porqué.

—Hoy uno se puede preguntar, cuando ve el desastre, para qué sirvió todo aquello. Pero—afirma la voz mientras se levanta—, a mí que no me vengan con cuentos: ¡seré sandinista hasta la muerte!

Nunca volverá a Panamá, su vida está en Nicaragua. Cuando dejó el ejército le dieron un pedazo de tierra donde levantó su casa. Tiene a su mujer y un hijo. El Vampiro se levanta la gorra y ríe con timidez. Está quedando calvo y tiene las sienes canosas.

—Además ya pasé los cincuenta.

Se aparta del escritorio y camina por el gimnasio tarareando:

—Tanto tiempo... pa, pa, pa.

PACÍFICO

Doctor Ramírez

En la Casa de los Leones reina la calma de la Nicaragua colonial, país de patios silenciosos y arcos sombríos. Una empleada pasa lenta y silenciosamente el trapero por el piso de baldosas del corredor y desde una sala llega el tecleo de una máquina de escribir. Vengo atrasado a mi cita con el doctor Ramírez, director del archivo municipal. El portero arrastra los pies delante de mí y lo sigo con impaciencia. Al otro lado del patio me señala una oficina diminuta. Un hombre de aspecto elegante, peinado con partidura al medio, la camisa a rayas recién planchada, levanta sus ojos apáticos.

—¿Doctor Ramírez?

Asiente.

—Llega usted tarde.

Le ofrezco mis disculpas, a lo que responde que está por salir. Me pregunta si no sería mejor que conversáramos al día siguiente. Ahora solo me podría mostrar el archivo de pasada, que resulta ser el armario de oficina que tiene a sus espaldas. La mayor parte de los documentos se ha perdido a causa de las tormentas, las lluvias, los saqueos y los robos, señala Ramírez.

—La embajada inglesa nos donó este armario, nosotros no tenemos fondos.

Me da una mirada de disculpa:

—Además yo trabajo aquí por nada.

Se endereza en la silla.

—Los ingleses van a ver que aquí trabajamos en serio. En este país, cómo decirlo, la ayuda extranjera se maneja sin mucho cuidado. Los bolsillos no tienen fondo, ¿me entiende?

Nos echamos a reír y quedamos para el día siguiente.

Mirando desde el volcán Mombacho, que se levanta al oeste de la ciudad, solo se distinguen las dos torres blancas de la catedral y las copas de las palmeras de la plaza. Granada parece un punto a orillas del infinito lago. Mar Dulce, así llamaron los españoles al lago de Nicaragua con sus ciento ochenta kilómetros de largo y sesenta de ancho. En sus aguas se pueden encontrar peces espada, además del único tiburón de agua dulce del planeta. El cabotaje es mínimo. Apenas algunas lanchas pesqueras o un trasbordador en dirección a Ometepe o la desembocadura del río San Juan, al otro extremo del lago.

En los libros de historia el lago es considerado indistintamente como una bendición y una condena para Granada. A comienzos del siglo dieciséis los españoles descubrieron que el río San Juan comunicaba con el mar Caribe, detrás del cual estaba el océano Atlántico y más allá la Madre Patria. Desde todos los rincones de Centroamérica comenzaron a llegar productos para ser transportados a España y Granada alcanzó un nivel de riqueza incomparable con el resto de la región. Pero la buena fortuna atrajo también a los piratas. En varias ocasiones Granada fue saqueada, incendiada y reducida a cenizas.

Es posible que los piratas hayan usado el archipiélago que queda un poco al sur de la ciudad como escondite. Hoy lo que se ve allí son modestas embarcaciones que ofrecen un tour entre las casi trescientas islas volcánicas, algunas tan pequeñas como una casa con jardín. El camino de tierra hacia Granada pasa por el centro turístico de la época sandinista: una larga hilera de restaurantes, discotecas, albergues y lugares para picnic junto a la playa, donde siempre sopla el viento y las olas se elevan a gran altura. Más adelante, a la entrada del amplio bulevar que lleva al centro de la ciudad, hay una estatua de bronce de Francisco Hernández de Córdoba, el conquistador que en 1524 fundó Granada y León, las dos ciudades nicaragüenses de la época colonial.

Las casas a lo largo del bulevar muestran alegres fachadas amarillo pastel, azul intenso, rojo suave. Se ven vecinos reposando en mecedoras frente a sus casas. «Toda persona que no se vea forzada a trabajar por hambre pasa el día en una hamaca o sentada frente a la ventana abierta bajo el cielo azul, disfrutando de un estado de total inercia que por aquí se confunde con la vida», escribió un ofendido científico alemán hace un siglo.

El bulevar termina en la plaza principal de Granada. Las hojas de las altas palmeras brillan bajo los rayos del sol, que se reflejan enceguecedores en el blanco de las torres de la catedral. La gente charla a la sombra de los mangos. La fuente del centro de la plaza está seca. A juzgar por la maleza que crece en su fondo hace mucho tiempo que no corre agua por la boca de los ángeles y las ninfas. Ante el elegante Hotel Alhambra algunos cocheros esperan junto a sus coches. No hay clientela para un paseo.

Subo la escalinata de entrada al Club Social, que está al lado del hotel. Ramírez me dijo que tengo que darle una mirada, ahora que todavía es posible. El ocre de la sobria

41

fachada está recién pintado. En el vestíbulo el mosaico ha sido nuevamente incrustado en el suelo, al igual que las brillantes baldosas del salón de baile. Muy a disgusto, la elite granadina vio como los sandinistas se adueñaban de su exquisito lugar de esparcimiento y lo convertían en un centro cultural. Hoy los ricos reclaman su club de vuelta. La lámpara de araña que cuelga del techo de estuco blanco, salvo un par de bombillas, está lista para ser encendida. No falta mucho para que el sancta sanctorum vuelva a manos de los happy few. Acceso exclusivo para socios e invitados.

A las seis comienzan a repicar las campanas de la catedral. Las enormes puertas se abren de par en par. Una gran cantidad de gente ha acudido a esperar a la Virgen María, que en este momento es paseada en un carruaje por las calles de la ciudad. Todos los días de esta primera semana de diciembre la Virgen recorre un barrio granadino. Recibe las ovaciones de los vecinos que desde las aceras le expresan sus quejas, le ruegan por el cumplimiento de sus deseos y la siguen hasta la catedral.

Ya llega. Delante del portal de la iglesia la sacan del carruaje. Por encima de los aplausos y vítores de la multitud, que ahora ocupa toda la plaza, estallan fuegos artificiales. La Virgen avanza por el templo entre las bancas repletas y es depositada en el altar. Los fieles se le acercan en masa, lloran sentidamente, murmuran oraciones y reiteran sus ruegos. Hasta muy tarde en la noche una ininterrumpida fila de gente pasará lentamente frente a ella. Afuera siguen tronando los fuegos artificiales. Los jóvenes se divierten en la plaza. Bailan, ríen y se besan bajo los árboles.

La tranquilidad del día y el júbilo de la noche son engañosos, me advierte el doctor Ramírez al día siguiente. Detrás de su alegre fachada la ciudad esconde la mano de hierro de la elite: los criollos que después de la independencia de 1821 reemplazaron a los españoles en el poder. Primero me habla del tiempo anterior, los días de la Colonia, cuando la Casa de los Leones era residencia de los gobernadores de Nicaragua. Allí presentaban sus obras las mejores compañías de teatro europeas. El edificio fue destruido a mediados del siglo XIX por el temible filibustero estadounidense William Walker.

Ramírez tiene un voluminoso libro de 1869 sobre la mesa. Entre sus páginas está el acta de transferencia de la espada de William Walker. Regalo del gobierno de Honduras, donde lo fusilaron.

—La espada—comienza la pomposa frase que marca con el dedo—se obsequia a Granada como trofeo inmortal contra los opresores de Nicaragua.

Apoyado por un ejército de mercenarios de apenas cien hombres el filibustero había aprovechado la guerra entre Granada y León para embaucar a una debilitada Nicaragua y hacerse nombrar, en Granada, presidente de la nación. A los ejércitos de Nicaragua, Costa Rica y Honduras les costó dos años desalojar al invasor y sus secuaces, que antes de partir saquearon la ciudad y la dejaron reducida a escombros humeantes.

—De la Casa de los Leones solo quedó el portón de entrada.

Liberada del demonio Granada entró en un período de gran prosperidad. El comercio recuperó su vigor. Granada enriqueció su paisaje urbano con hermosos edificios de estilo neoclásico y logró finalmente quitarse de encima la sombra de León. Las dos ciudades hermanas se mantenían enfrentadas desde la independencia y arrastraban a Nicaragua de una guerra civil a la siguiente. León no pudo competir con el poderío económico de Granada: bajo el gobierno del presidente granadino Fruto Chamorro perdió sus derechos como capital. La familia Chamorro hizo fortuna a fines del siglo XIX. Desde entonces, junto con los Sacasa, los Cuadra y los Pellas, forma parte del núcleo de la elite granadina, la «aristocracia», como denomina Ramírez a los ricos, en tono ligeramente burlón.

—¿Y la espada?—le pregunto.

—Desapareció, nadie sabe dónde está, pero se rumorea que el alcalde Alejandro Chamorro se la regaló a la familia Sacasa, a comienzos del siglo XX.

El doctor se encoge de hombros.

—Quizás adorna la chimenea de un elegante salón. Alguna vez aparecerá de nuevo.

Dirige nuevamente su atención al libro.

—Mire, este documento fue escrito por un antepasado mío, un Marenco, que fue alcalde de Granada. Hoy en día los Marenco tienen un diputado en el Parlamento. También pertenecen a la aristocracia—hace una pausa—, pero no los de nuestra rama familiar.

Los aristócratas han sabido mantener el poder económico a lo largo de los años, continúa diciendo. Toleraron a Somoza mientras éste los dejó en paz y colaboraron en su caída cuando en los últimos años se pasó de la raya. Sin embargo, la elite tiene poca influencia política.

—Tendrían que acercarse al pueblo, pero lo miran por encima del hombro.

Al despedirnos le doy mi tarjeta de visita. La mira atentamente y la guarda en el bolsillo superior.

—Gracias. La mía se la di ayer, ¿verdad?

Me entra la duda, no lo recuerdo. Será mi mala memoria.

—Sí—respondo sin mucha convicción.

Los invitados van llegando poco a poco a la sala de recepción del monasterio de San Francisco. Mujeres en elegantes vestidos pasados de moda, envueltas en los aromas más recientes de París, son recibidas por el personal vestido de blanco y negro. Sus maridos, embutidos en ternos de tres piezas combinados con anchas corbatas que les aprietan el cuello, resoplan tras ellas escurriéndose el sudor del rostro. Son las seis de la tarde y hace calor.

Cuando se anuncia no al presidente sino a la vicepresidenta de la república se oye un suspiro de decepción en la sala. Sin embargo, en los rostros de los presentes se puede ver que sus palabras son dignas de la ocasión. La señora Julia Mena, que les recuerda que ella misma es granadina de nacimiento, señala que la restauración del monasterio, que hoy reabre sus puertas, es un honor para la ciudad. Alaba el coraje con que los granadinos han enfrentado una y otra vez los infortunios del destino y celebra el temple católico de su audiencia. Luego menciona la leyenda de la Virgen de Granada: no por nada estamos a comienzos de diciembre.

Un día, hace ya mucho tiempo, unas mujeres indígenas estaban lavando ropa en el lago. Una de ellas vio algo que flotaba entre las olas. Cuando estuvo cerca de la orilla se dieron cuenta de que era un cajón, pero cada vez que intentaban tomarlo se alejaba. Unos sacerdotes que iban pasando las ayudaron y consiguieron arrastrarlo hasta la playa. Cuando abrieron la tapa se produjo el milagro: en su interior había una imagen de la Virgen María. Nadie supo de dónde venía ni de quién era, pero a partir de ese momento Granada tuvo su Virgen, la Inmaculada Concepción.

—Somos una nación mariana, conciliadora y maternal—dice la señora Mena cerrando su discurso.

Después de un entusiasta aplauso la concurrencia se dirige a la capilla del convento. En este mismo lugar alguna vez el padre Bartolomé de las Casas condenó el maltrato que infligían los conquistadores españoles a la población indígena. Ahora los invitados se dejan embriagar por el concierto de Navidad a cargo del Coro Nacional de Nicaragua, acompañado por la Orquesta Nacional de Nicaragua. Las notas falsas que dan los solistas no parecen importar a nadie, tampoco la deficiente acústica de la capilla. Al terminar el concierto el ánimo no ha decaído. Contentos y satisfechos los asistentes conversan disfrutando de un cubito de queso holandés y una copa de vino blanco francés. El doctor Mena, un caballero de edad que viste un arrugado terno a rayas, recibe amablemente las reverencias que le hacen. Es una autoridad en la historia de Granada, según me explica un periodista presente. Con muestras de evidente agrado el doctor declara su disposición a recibirme mañana en su casa, «para aclarar todas las dudas».

—Todavía no, todavía no—me dice levantando el dedo, cuando nos cruzamos en la plaza a la mañana siguiente. Su camisa y pantalones apenas resisten la presión de su redondo vientre.

—Y recuerde: a la una exacta. Me gusta la puntualidad alemana.

A la una exacta llamo a la puerta de los Mena. El doctor no está, dice la sirvienta que me abre. Le pregunto si puedo esperarlo y va a consultar al interior. Sí. Me señala un banco en el vestíbulo. Media hora más tarde llega Mena y después de un almuerzo de otra media hora me invita con extrema cortesía a sentarme en un rincón del patio. El que da al sureste, me explica, el más fresco a esta hora.

Mena dice que ha viajado mucho. En Holanda le han ganado tierra al mar, ¿no es verdad? Mientras recorre el mundo con sus historias sus ojos se van cerrando lentamente.

—¿Está usted cansado?—le pregunto cuando después de un corto sueño despierta dando un respingo.

—No, no, señor. Sigamos. Granada, ¿no? Usted quiere saber más sobre la ciudad. Lo que quiera. Verá, mi linaje se remonta a los conquistadores. Le puedo contar todo.

Mena habla largamente de las bendiciones que cayeron sobre estas tierras gracias a la intervención española. Solo el carácter intrépido y tenaz del español estaba en condiciones de iluminar esta barbarie, con su inherente cultura y especialmente con la Palabra verdadera. ¿Acaso no habría que considerar, antes de nada, la gran obra de los reyes de España como el cumplimiento de una misión divina? ¿Y quiénes sino ellos, los criollos, obviamente con la debida modestia, podían reclamar la herencia de las ancestrales tradiciones españolas, enriquecidas con las finas costumbres de la más alta alcurnia europea? ¿A quiénes en este país podría corresponderles el liderazgo sino a aquellos que llevaban en sus venas la sangre pura del glorioso español? ¿A los mulatos y mestizos, o peor todavía, a los indígenas, ignorantes de toda cultura y civilización?

Cuando los ojos de Mena vuelven a cerrarse dejo vagar la mirada por las paredes, donde la historia sigue presente en los retratos de hombres que supongo son sus antepasados. Sin duda falta uno, el más antiguo. Pocos conquistadores sembraron tanta muerte y destrucción en nombre de la Corona Española como Pedrarias de Ávila. El conquistador de Nicaragua hizo que la Palabra de Dios silbara como una espada y restallara como un látigo. Su avidez de oro fue un ejemplo para muchos aventureros, pero cabe dudar de su fervor en la propagación de la fe entre los salvajes. Se dice que Pedrarias hacía descuartizar a los indígenas desobedientes o se los daba de comida a sus perros. En su mayoría fueron vendidos a Francisco Pizarro, para sus viajes de conquista al Perú, donde la muerte los esperaba en las heladas faldas de los Andes.

La viuda de Pedrarias, doña Isabel de Bobadilla y Peñaloza, mostró una actitud más humana. Según ella el genocidio causaría la rápida extinción de Nicaragua, por lo que a la muerte de su marido aplicó un criterio distinto: el verdadero oro del Nuevo Mundo no estaba en la venta de su pueblo sino en el vientre de las nativas. Una gran población mestiza—eternamente inferior, controlada por el puño español—garantizaría a España un ejército de mano de obra barata para explotar las infinitas riquezas de Nicaragua. Y dado que su humanismo iba unido a una clara visión comercial—los infelices que debían hacer el trabajo sucio en medio de esta barbarie y tan lejos de la amada patria tenían derecho a una generosa compensación—fundó un legendario burdel que le dio un lugar en la historia como la primera madama del Nuevo Mundo. A cambio de ducados de oro la infantería española pudo preñar a las hijas más bellas de los indígenas, de cuyos sangrantes vientres vieron la luz los eternamente atormentados mestizos.

Así lo cuenta el historiador Ricardo Pasos Marciaq en su novela *El burdel de las Pedrarias*. El autor echa mano a un erotismo rancio para dejar al desnudo la epopeya de la conquista y mostrar, en todo su carnal dramatismo, el traumático origen de la Colonia.

El doctor Mena despierta de golpe.

—¿Dónde habíamos quedado? Pregunte lo que quiera. Vea usted, nuestras familias han mantenido en alto la moral. Somos los guardianes de la verdadera fe católica.

Mena habla con horror de los tiempos del sandinismo, que conoció bien: mientras la mayoría de sus pares se iba a Miami, él se quedó en Granada.

—Todo era desorden. Un campesino debe trabajar su tierra, como corresponde, pero entonces nadie trabajaba y todos reclamaban sus derechos. Es bueno que estos comunistas se hayan ido.

Ahora las familias que huyeron están regresando al país. La mayoría prefiere quedarse en Managua, que según Mena es una ciudad horrible. El hedor, el crimen, y no digamos el clima. Cuando sus párpados comienzan a caer nuevamente me levanto y abandono sigilosamente la casa.

A lo lejos se ve venir al doctor Ramírez. Su andar es inseguro. Trae la camisa fuera del pantalón y el pelo desordenado.

—¿Le dio una miradita a la ciudad?—pregunta con gesto desafiante.

Se quita lentamente un mechón de la frente.

—Muy bien—continúa—, por mi parte he disfrutado de un muy etílico almuerzo.

El sentido de su poética expresión está reforzado por un fuerte vaho alcohólico. Da una mirada soñolienta a su alrededor. Estamos en una esquina concurrida, el zumbido del viento y el tráfico dificultan la conversación.

—Aquí estás en otro mundo. Éste es el centro de la ciudad, ningún problema, pero hay barrios donde no hay que ir, especialmente de noche. Te meten una cuchillada por unos centavos.

Ramírez hace un amplio gesto con el brazo.

—Esto es Nicaragua, un país, ¿cómo es que se dice?, en vías de desarrollo. No estamos en Europa, aquí no hay educación, ni desarrollo, ni cultura.

Con alguna dificultad aguanta un eructo.

—Mis antepasados llegaron de España e Italia. Pero yo soy nicaragüense. Un criollo, eso sí.

Ríe sin alegría.

—Mi padre perdió mucho. Criollo de nombre, pero sin capital. Venido a menos, ¿eh?

Se encoge de hombros.

—I have been to Miami for four years.

Ramírez critica la superficialidad de los americanos.

—Para los yanquis somos todos latinos, simplemente escoria, gentuza.

Rebusca en un paquete vacío de cigarrillos. Le ofrezco uno, lo acepta y le acerca fuego.

—Es una cuestión de principios—retoma después de una profunda calada—y el pueblo no los tiene.

Voltea los bolsillos de su pantalón.

—¿Ve? No tengo nada. Caminé diez kilómetros, ni siquiera pude tomar un taxi.

Me suelta una mirada acuosa. En su risilla hay algo como un ruego.

—But I speak English too, you know.

Hace una pausa y continúa.

—En los últimos días le he mostrado a usted documentos que me llevó meses encontrar en el archivo. Otros quizás le hubieran pedido dinero pero no se preocupe, yo no le voy a cobrar nada, lo he hecho desinteresadamente.

—¿Una cervecita?

—Usted entiende lo que quiero decir, ¿verdad? Cuestión de principios.

—Por supuesto, esta cervecita se la ofrezco también desinteresadamente.

Entramos en el primer bar que nos sale al paso. Ramírez intenta ordenarse el cabello pero los mechones rebeldes le caen por la frente.

—¿Estuvo en el Club Social?

—Ayer.

—¿Sabía que, en sus tiempos, a Somoza no le permitían entrar? Un militar ordinario como él, ¡ni pensarlo!

Por entonces Ramírez era joven. El espíritu de los sixties se hacía sentir también en Granada. Los Beatles, Jimi Hendrix, The Doors, Janis Joplin, los Stones. Mucha marihuana. Siempre había una fiesta adonde ir. Sin embargo, en esa época él tenía otras cosas en la cabeza. A los veintidós años dejó embarazada a la sirvienta. Él quería tener ese hijo y nació. Un niño que ahora andará por los veinte.

—No pudieron quedarse. Mi familia, por supuesto.

Toma un sorbo de la botella, le brillan los ojos.

—Una negrita sabrosa de la Costa, ¿entiende? No aceptaron que no la hubiera echado inmediatamente a la calle.

Meditabundo y cabizbajo, endereza la espalda y trata de enfocar la mirada. Después de un buen trago dice burlonamente:

—Somoza pensaba que en el Club Social sus hijos podrían encontrar un buen partido para casarse. ¡Imposible! Nuestra aristocracia es arrogante y cerrada. En Granada se casan entre ellos, sangre y capital tienen que permanecer unidos. Perdí a todos mis amigos.

Termina su botella, hace una señal al camarero para que le traiga otra y se sumerge en sus pensamientos por un largo rato.

—Nunca terminé la universidad. En aquel momento no tenía importancia.

Me mira de reojo.

—El doctor Ramírez no existe. Soy Carlos Alberto Ramírez y todo lo que sé me lo debo a mí mismo.

—¿La tarjeta de visita?

Ramírez asiente.

Los hijos de Adiact

La calle empedrada se extiende desde la plaza de León, a lo largo de mansiones coloniales, hasta la salida del centro. Al pasar doy una mirada por las ventanas del Museo Rubén Darío; el profesor Buitrago no está, seguramente es muy temprano para él.

Un kilómetro más adelante el camino es interrumpido por una plataforma alta, en la que se levanta un guerrero indígena de hormigón. Ha de ser el gran cacique, el mentón orgulloso y el brazo estirado, conduciendo a su pueblo en la lucha por la sagrada tierra. Pasada esta barrera, siguiendo hacia arriba a la derecha e inmediatamente a la izquierda, hay un letrero que indica la playa: PONELOYA 20 KM.

Cuando uno conduce de León a Subtiava va llegando lentamente a otro mundo: las casas son cada vez más sencillas y pequeñas, faltan más adoquines en el camino y las mujeres que miran desde las puertas de sus casas tienen el pelo liso y negro, la piel color de cobre. En sus miradas creo ver una cierta desconfianza, pero no le doy demasiada importancia: por aquí solo conozco a una mujer, Emérita Berríos, y cuando me ofreció una visita guiada por su comunidad—considerada la guardiana del patrimonio indígena de Nicaragua—no percibí en ella ningún recelo.

Emérita me presentó a Esteban Bárcenas.

El perímetro de grava delante de la Iglesia de San Juan se ve abandonado. Camino hacia el sur por una polvorienta calle llena de baches, piedras y montículos de hierbas. La casa de Bárcenas está a cuatro cuadras y media. Los adoquines han desaparecido y de vez en cuando tengo que saltar un riachuelo de aguas servidas y encharcadas.

En la puerta hay un hombre remendando ropa en una máquina de coser Singer. Al verme parado ante la verja me hace una seña para que entre y me señala una mecedora. Si puedo esperar un momento, dice levantándose para avisarle a su padre, que está al fondo de la casa. Atraviesa la puerta trasera hacia el patio donde hay dos mujeres lavando ropa.

La habitación está dividida por una pared color verde menta. Detrás seguramente hay un dormitorio. Sobre una mesa apoyada en la división destaca un televisor y arriba cuelga un enorme reloj en forma de pulsera. Encima de la puerta que comunica con el patio vigila una imagen de la Virgen y debajo de ella, arrastrando los pies descalzos, aparece un hombre mayor. Lleva un pantalón raído atado a la cintura con una cuerda. Detrás de él viene una niña, seguida por el hombre que me recibió. La niña se sienta a la mesa y enciende el televisor. El hombre me presenta a su padre, Esteban Bárcenas, y vuelve a su lugar detrás de la máquina de coser.

Bárcenas se acomoda en la mecedora frente a mí.

—Tiempos difíciles para Subtiava—dice de entrada con expresión serena, mirando a los niños que juegan afuera en la terraza. Se pasa la mano por el cabello gris y tira del copete que lleva en medio de la cabeza, detalle que le da una apariencia juvenil acentuada por sus alegres ojos, que ahora me miran directamente.

Sin amargura en la voz afirma que Subtiava siempre ha estado al margen. Los políticos por ejemplo, ¡pura hipocresía!, solo escuchan en época de elecciones. Una vez que son elegidos ya no te reconocen. Durante la campaña electoral vino a Subtiava el que sería el próximo presidente y Bárcenas lo interpeló:

—Jefe, si yo apoyo a su partido, ¿me recibirá después?

—Cuando querrás—respondió el candidato.

Bárcenas quería mostrarle los documentos y preguntarle si el Consejo, que él dirige, podría tener más influencia en la toma de decisiones relacionadas con la comunidad. Todavía está esperando una respuesta a sus solicitudes de audiencia. Nicaragua es una democracia solo aparente. Como jefe del Consejo merecería por lo menos algo de respeto, ¿no?

No es que antes fuera mejor. Quizás mucho tiempo atrás, cuando los indios aún usaban un trapito para taparse las vergüenzas y llevaban plumas en la cabeza. Antes de la llegada de los españoles en Subtiava vivían diez mil chorotegas. Eran astrólogos y adoradores del sol, y para atraerlos los españoles colgaron un sol en el caballete del tejado de la iglesia de San Juan.

—Ahí tienen a su Dios—les decían, según Bárcenas.

Por supuesto que con el tiempo algo ha cambiado. Cuando él era joven había casas de paja, los caminos eran aún peores y se vivía en pésimas condiciones de higiene. Ahora se nota algo de civilización. Subtiava también ha crecido bastante: según el último censo viven aquí sesenta mil personas.

—Necesitamos un alcalde—opina Bárcenas—. El de León ya no puede atender nuestras demandas.

Con su propio alcalde Subtiava podría solucionar sus necesidades más urgentes: el desempleo entre los hombres, sin ir más lejos. Con la caída del cultivo del algodón disminuyó mucho la demanda de trabajadores agrícolas. En realidad hoy solamente tienen empleo los trabajadores calificados: profesores, uno que otro doctor y un abogado. Las mujeres se las arreglan con la venta de verduras y frutas en el mercado.

—¿Y los hombres?

—Tranquilos en sus casas.

Me mira con algo de picardía. Los hombres han hecho de la necesidad una virtud: se encargan del hogar, cocinan y llevan a los niños a la escuela. Pensativo, se rasca el brazo. El estancamiento de la agricultura ya no puede atribuirse a la crisis del algodón, que es algo de hace mucho tiempo. La causa es la lluvia, o mejor dicho la falta de lluvia. Él mismo tiene veinte manzanas de tierra; uno de sus hijos cuida de ellas, pero por la sequía se perdió la cosecha. Se encoge de hombros.

—Subtiava no produce nada, aquí solo se consume.

Le pide a la chica que baje el volumen del televisor. La vida sigue adelante por supuesto, continúa. Todo el mundo hace lo que puede. Solo que a su edad no puede mucho. Pero no importa, a cada cual le llega su hora. El Consejo afortunadamente le exige poco, de modo que todavía puede aportar algo a la comunidad. Se avanza muy lentamente, pero de vez en cuando hay progresos. Un parlamentario se ha hecho cargo del caso. Esto da un poco de esperanza. Bueno, si finalmente, si finalmente... Bárcenas mira hacia afuera con aire ensoñador. Entonces sí podría morir en paz.

El parlamentario quiere concentrarse en los estatutos de Subtiava, que establecen que la autoridad, en el espíritu de la tradición, recae en un cacique, jefe del Consejo de Ancianos, que a su vez está facultado para tomar las decisiones comunitarias. Los estatutos datan de principios del siglo XIX y hasta la fecha no han sido ratificados. Según el diputado esto sucederá pronto en el Parlamento.

Antes de cantar victoria Bárcenas quiere ver la firma. La historia le ha enseñado a ser paciente. Me habla de la Revolución. Antes del triunfo de 1979 los guerrilleros llegaron a Subtiava con sus historias de libertad. Gracias a la reforma agraria la tierra volverá a manos de la población indígena, decían.

«Atrás de mí estaba Subtiava», escribió Omar Cabezas en *La montaña es algo más que una inmensa estepa verde*, una de las novelas testimoniales más conocidas de Nicaragua. Nacido y criado en León, Cabezas fue uno de los primeros comandantes guerrilleros. Hablando de una protesta en Subtiava decía que fue «una marcha de indígenas que señaló el fin de la explotación de nuestros pueblos». El espíritu del gran cacique Adiact sigue vivo en el espíritu de Sandino, aseguraba Cabezas en su libro.

—Como la mayoría de los nicaragüenses, aquí en Subtiava luchamos contra la guardia de Somoza porque mataban a nuestros hijos—dice Bárcenas.

Sin embargo, los resultados de la victoria sandinista fueron distintos de lo esperado. Por primera vez veo aparecer en su rostro una expresión de amargura:

—«¿Qué comunidad indígena?» decían los sandinistas—explica Bárcenas—. «Ahora vivimos otros tiempos», y acto seguido repartieron la tierra entre su propia gente.

En la década de los ochenta la vida fue muy dura. ¿Quién no se acuerda del racionamiento? La comida apenas alcanzaba para alimentar a la familia. Bárcenas hace una fea mueca cuando menciona el azúcar negra: eso no se lo darías ni a un caballo.

Ahora que la guerra terminó los ricos están de regreso y quieren recuperar sus tierras. A Enrique Sánchez, un parlamentario del Partido Liberal, le devolvieron sus dos mil manzanas. Sánchez vive cerca de Poneloya, no lejos de Omar Cabezas, que causó revuelo cuando armado con una M16 expulsó de su finca a dos empleados que llegaron a cobrarle una cuenta de electricidad pendiente.

La mayor parte de las tierras alrededor de Poneloya están sin trabajar, se queja Bárcenas. Además las cooperativas agrícolas de antaño fueron cerradas.

—No queda nada. No hay producción, nada.

Se espanta una mosca de la mejilla, mira volar al insecto y agrega:

—Si no comienza a llover ahora, estamos jodidos. Dicen que es a causa de *El Niño*, aunque parece que lo peor ya pasó.

Calla un momento y su rostro se ilumina cuando dice:

—Ojalá que después tengamos a *La Niña*.

—Y que sea linda—digo yo.

—De ojitos azules...—agrega con voz alegre, ya imaginándola.

En la calle los transeúntes lo saludan cortésmente. En sus saludos hay un aire de autoridad; lo mismo en la manera en que escucha, la cabeza levemente inclinada, o en sus consejos y las frases ocurrentes con las que se despide. Bárcenas reconoce que le cuesta caminar. En otros tiempos si se levantaba a las cinco de la mañana a las siete estaba en Poneloya. Hacía todo el camino corriendo. Ahora no es capaz de caminar un kilómetro.

Antes de visitar a doña Ernestina me quiere mostrar el Museo Adiact, donde se exhiben objetos de la cultura originaria. Nos recibe Ramón, un abogado que tiene ahí su despacho; cuando los ancianos viajan a Managua los acompaña como consejero. Ramón habla con respeto de los conocimientos de los ancianos. Son la garantía de sobrevivencia de la cultura y tradiciones de Subtiava, dice. El museo cuenta con una sala de exposición y un patio. En la sala hay vasijas en el suelo y en una vitrina herramientas de piedra y obsidiana. Afuera Ramón nos muestra las esculturas de dioses, pequeños bloques de piedra en los que es difícil distinguir los relieves.

Ernestina Roque vive unas cuadras más adelante. La arena cruje bajo el lento movimiento de su mecedora. Tiene la barbilla afirmada en el pecho. Su rostro apergaminado, de mejillas hundidas, muestra profundas arrugas. Se acerca una chica y la despierta suavemente. La anciana levanta la cabeza sobresaltada y mira a su alrededor abriendo mucho los ojos. Bárcenas se sienta a su lado.

—¡Venimos a ver los documentos, doña Ernestina!— le grita en la oreja.

Ernestina hace una seña a la chica, su sobrina, que la ayuda a levantarse. Arrastra los pies hasta una cajonera y después de buscar un rato regresa con una ajada carpeta. Se la entrega a Bárcenas, que saca de ella un grueso libro encuadernado en cuero y comienza a hojear detenidamente las páginas.

—Aquí está—dice finalmente y me alcanza el libro indicándome la página que debo leer.

En la parte superior de la hoja manchada de moho resaltan unas elegantes letras que llevan el sello de la corona española con fecha de 1720. Las cartas están rubricadas por el gobernador, quien en nombre del rey de España se dirige a los miembros del municipio de Subtiava certificando que las tierras de la comunidad han sido habitadas y trabajadas por los subtiavas, generación tras generación, y que de esta circunstancia derivan derechos que la Corona reconoce, por lo que toma la decisión de entregar a Subtiava el dominio de las tierras de sus antepasados. En las páginas siguientes hay una descripción precisa de los territorios, ilustrada con mapas: se trata de un área total de sesenta y tres caballerías, algo así como tres mil hectáreas que llegan hasta el mar, hasta Poneloya. Allí vive Enrique Sánchez. Y Omar Cabezas.

—¿Lo ve?—dice Bárcenas muy serio.

Lo primero es la aprobación de los estatutos, me dice Bárcenas mientras volvemos caminando a su casa. Después ya se verá cómo seguir adelante. El parlamentario quiere asegurarse de que Subtiava tenga su propio alcalde. Todavía no se han ocupado de la propiedad del suelo.

—¿Y los documentos?—le pregunto—. ¿No son suficiente prueba?

Bárcenas sonríe afablemente y cita al presidente Somoza, que en los años cuarenta le dijo a los subtiavas: «si ustedes perdieron sus tierras ha sido por falta de huevos».

Entramos riendo en su casa y me ofrece un asiento frente al suyo. Después de insultarlos, Somoza emitió un decreto llamando a las comunidades indígenas a defender sus derechos. Fue un buen presidente, opina Bárcenas. Recibió a los subtiavas en cinco audiencias. Mejoraron las calles y el alcantarillado, pero eso fue hace mucho tiempo. Desde entonces ningún jefe de Estado ha respondido a las solicitudes del Consejo.

—Así van las cosas, paso a paso—repite Bárcenas—. Es la vida y hay que tomarla como viene.

No es que Bárcenas sea un pesimista, muy por el contrario. El futuro lo ve favorable. ¿Quién sabe lo que depara el nuevo milenio? Tal vez alcance a vivir como propietario en las tierras de sus antepasados.

—En tal caso usted sería realmente el cacique de Subtiava—le digo.

Se echa a reír a carcajadas. Así era antes, cuando los indios manejaban sus vidas y tenían derechos. El cacique era quien gobernaba la comunidad y tomaba las decisiones, pero todo eso se perdió con toda esa mezcla cultural.

Se queda callado un momento y luego explaya sus pensamientos. El planeta es el reino de la humanidad y la tierra debería beneficiarnos a todos, pero la aprovecha solo un puñado de gente, los capitalistas. El que tiene dinero es el que decide.

—Como dice el refrán: por la plata baila el perro.

Felizmente el dinero no lo es todo.

—Recuerde—dice insidiosamente—que el campesino siempre ha sido agresivo. Va para adelante y les mete bala a los hijueputas. Y si no tiene armas usa su machete.

Calla y miramos a las niñas que juegan afuera. Entre ellas hay nietas y bisnietas de Bárcenas. Tiene ocho. Su esposa murió hace catorce años.

—No, no—dice con un gesto de rechazo cuando le pregunto si no se ha vuelto a casar—. Ya no estoy para eso. Tengo setenta y cinco años. Mi tiempo ya pasó.

Cuando andaba por los cuarenta el doctor le dijo que la gente que hacía mucho el amor después enloquecía. Desde entonces se lo tomó con calma. Por otra parte un amigo le contó que existe una pastillita que lo hacía sentir como un joven de dieciocho. Se ríe a carcajadas mientras baja y sube el brazo. Veo que solo le queda un diente.

—Extraño, en realidad, mientras más viejo te ponés, más te parecés a un niño—dice mirando hacia afuera—. Empezás a babear, a decir cosas raras, no podés caminar bien. Todo funciona cada vez menos, los ojos, la cabeza.

Mirándome, agrega:

—Pero siempre hay niños que llegan a reemplazar a los viejos. Así la vida sigue adelante.

Es difícil distinguir una iglesia entre los muros colapsados, en el terreno baldío protegido por una cerca. Sin embargo se dice que Veracruz es la iglesia más antigua de Nicaragua. Bárcenas me informó que estaba a pocas cuadras de su casa. En algún lugar debajo de la maleza ha de estar el altar, donde según la leyenda todos los Jueves Santos el atormentado espíritu del cacique Adiact aparece como un cangrejo de oro y se dirige a su antigua residencia.

Nadie sabe donde vivió Adiact, pero todo el mundo conoce el lugar donde fue colgado. Hay dos hombres sentados en la verja que rodea el tamarindo, mirando jugar a cuatro beisbolistas. Miro hacia arriba. El árbol debe de tener por lo menos cuatrocientos años, considerando que fue a principios del siglo XVII que los conquistadores españoles—que venían huyendo de una erupción volcánica—recibieron del cacique Adiact un terreno cerca de Subtiava y fundaron la ciudad de León. El generoso gesto del gran cacique le costaría la vida. Su bella hija Xochilt Acalt se enamoró de un capitán español, lo que causó la ira de su prometido indígena, que para vengarse echó a correr el rumor de un inminente levantamiento. Los españoles no lo dudaron ni un instante y para dar un ejemplo que aterrara al pueblo ajusticiaron a Adiact, que murió ahorcado en el tamarindo.

En el camino de regreso a León me detengo ante la estatua del indígena. Es mediodía y los rayos del sol caen rectos sobre mi cabeza. Un poco más adelante hay varios hombres sentados a la sombra. Hacen gestos para indicarme que debo volver y luego seguir siempre derecho, hacia la playa. Niego con la cabeza y señalo hacia la ciudad. Enseguida iré a visitar al profesor Buitrago, ex catedrático de historia, para conversar sobre León, su ciudad. Me dirá que oí bonitas historias, útiles para la identidad de Subtiava, pero que en realidad son puros inventos. El cacique Adiact nunca existió: su leyenda no tiene más de cien años y fue inventada por los escritores románticos de Nicaragua.

Me paseo por la orilla de la pequeña zanja que rodea la estatua, observo la base y el cuerpo de concreto. No hay ningún nombre. En la parte posterior la zanja desemboca en una laguna que también está completamente seca. Los rayos del sol se reflejan en los azulejos blancos. Ante mis ojos enceguecidos por la luz veo a Bárcenas que me extiende el libro. Los documentos son auténticos. Los tuve en mis manos.

—Esta es la prueba oficial—me dijo.

El curandero de Masaya

Fam. Garay. El rótulo cuelga de la cerca junto a la entrada a un jardín arenoso lleno de árboles. A la izquierda, bajo un cobertizo, hay tres mesas de billar en fila, cubiertas con tela plástica. Desde la puerta Carlos Garay me invita a entrar en la sala, señala una de las sillas mecedoras, alineadas, y toma otra para él. Es temprano, todavía no llegan los primeros clientes.

He leído sobre Garay en El Nuevo Diario, el periódico más sabroso de Nicaragua. Padres borrachos que masacran con un machete a toda su familia, chicas que por penas de amor se suicidan con veneno para ratones, ladrones que violan y asesinan a sus víctimas, son el tipo de titulares que se disputan la primera página. Los curanderos también tienen su espacio. El diario menciona uno tras otro los casos de sanaciones milagrosas: «Muchachito se salva de cáncer terminal». «Hombre recupera la vista después de años de ceguera». «Mujer liberada del diablo». Carlos Garay tiene reputación como exorcista. Desde todos los rincones del país llegan a verlo a su casa en Masaya.

Me observa con ojos vivos a través de sus gafas de cristales oscuros y marco de metal brillante. Acompaña su historia de los viejos tiempos con rápidos gestos de la mano, con la que sostiene un cigarrillo. Cuando tenía diecisiete años viajó a Nueva York y vivió allí dos años, en Queens. Johnson Boulevard, para ser más preciso. Trabajó en una fábrica de muebles, ganaba bien pero la vida era dura, más todavía para un muchacho solo. Hizo amistad con un pastor colombiano de la Iglesia del

Séptimo Día y lo acompañaba en sus visitas a los latinos. El colombiano era curandero y Carlos se convirtió en su asistente.

—Era mejor que quedarme solo en la casa.

Un año después se fue a Miami. Bonita ciudad, buen clima y casi todo el mundo habla español. Allí vivió nueve años hasta que un día en el aeropuerto, al regreso de unas vacaciones en Nicaragua, no le quisieron prolongar el permiso de residencia. Para presionar Carlos inventó la historia de que tenía dos hijos en Estados Unidos, pero los yanquis se dieron cuenta de que mentía, ríe ahora. Considerando que lo que alguna vez le dieron fue una visa por treinta días y nada más, ¡logró quedarse bastante tiempo en Estados Unidos!

De vuelta en Nicaragua se hizo militante sandinista, algo bastante lógico a mediados de los ochenta: era imposible hacer nada si no estabas con ellos. Se alistó en el ejército y terminó como policía. Una de sus tareas era la vigilancia del mercado de Masaya y así fue como empezó todo. Un día llegó una mujer del mercado a quejarse de que su marido había derribado el puesto y le había echado a ella una maldición rociándola con agua y sal. Carlos anotó la denuncia. No podía hacer mucho más. Sin embargo la mujer insistía en que él la podía ayudar. Sorprendido, pensó que quizás lo confundía con su amigo el curandero de Tisma. La mujer estaba dispuesta a pagar mucho dinero y fueron a ver a su amigo. Éste le dijo:

—A vos te gusta la hechicería.

Carlos nunca lo había pensado, pero su amigo le juró que estaba en condiciones:

—La vas a curar.

Después indicó un lugar en su jardín:

—Si sos tan hombre, cavá allí.

Carlos hizo un hoyo de metro y medio de profundidad y se topó con un libro. Un libro de hechicería.

—Esa mujer fue mi primera paciente.

No es que se haya convertido en curandero de un día para otro. No fue tan sencillo. Se fue corriendo la voz y comenzaron a llegarle pacientes, con precaución porque los sandinistas estaban en contra de todo lo que fuera sobrenatural, a un curandero lo podían meter preso.

—¿Y usted, cómo se la arregló?

—Ah, es que yo era miembro de la policía.

Su dedicación a la hechicería por tantos años se lo debe a la presidenta de la transición, Violeta Chamorro: concentrada en su lucha por sacar a Nicaragua de la guerra civil y establecer la paz, la mandataria aflojó las riendas, en buena hora.

—Doña Violeta nos necesitaba—aclara Garay—. Cuando los sandinistas perdieron el poder se fueron del país las brigadas internacionales y los cubanos. Entre ellos iban miles de médicos. Además, era urgente reducir el gasto y hubo muchos recortes en salud. Nosotros llegamos para compensar esas deficiencias.

Carlos me quiere mostrar su consulta. Abre una puerta y entro en un cuartito de cemento, paredes desnudas y sin ventanas. Nos sentamos ante una mesita junto a la cama, un tablón sobre unas patas, cubierto por una sábana. Carlos enciende un cigarrillo y echa la ceniza en un cuenco que está sobre la mesita en la que también hay una bola verde del tamaño de una pelota de fútbol. A los pies de la cama hay otra mesita, sobre ella una bola verde similar entre diversos objetos de barro llenos de ceniza de incienso y cera derretida. Debajo de la mesa distingo dos estatuillas de Buda. Carlos carraspea y escupe en el suelo. Me alarga un libro manoseado: el que desenterró aquella vez en el patio. En sus páginas hay oraciones para luchar contra todo tipo de males. Leo sobre rituales mágicos, sus accesorios y modos de usarlos. *El libro infernal* data de 1001 y fue escrito por Jonas Sufurino. Está inspirado en la vida y obra de San Cipriano, un mago persa que por amor a una mujer se convirtió al cristianismo y fue declarado santo. Carlos me muestra una nueva edición del libro, su manual de uso diario. Dice que en realidad no hay ningún secreto en sus artes mágicas. Le da unos golpecitos al libro: todo está en estas páginas.

—Estas oraciones las uso para exorcizar demonios.

Me lo pasa y doy una mirada a la larga serie de rezos. Todos comienzan con: «Yo, siervo de Dios» y en ellos Dios, el diablo, Lucifer, los arcángeles y Satán son invocados para perseguir a los demonios y devolverlos al reino de las sombras.

No es que cualquiera pueda ser curandero, me explica Carlos. Tiene amigos que al verlo curar pensaron que era fácil e intentaron hacerlo, pero al poco tiempo estaban echados en esta cama: habían caído en poder de las tinieblas. Nunca se sabe cómo van a salir las cosas. Cuando le contó a su amigo de Tisma que hacía exorcismo, éste le dijo que él nunca se había atrevido.

—Pero yo sí lo hago—dice Carlos con sencillez.

A él le traen los casos desesperados, poseídos que rugen y babean. Algunos tan brutales que son necesarios cuatro hombres para sujetarlos y a veces tienen que volver todos los días durante una semana. En caso de una cura exitosa la gente paga de buena gana una cantidad que el nicaragüense medio gana en tres meses de trabajo. Pero no es dinero desperdiciado: siempre ha tenido éxito con los espíritus, asegura golpeando nuevamente su libro.

Hay también otros libros de oraciones. Me muestra un par. En ninguno hay realmente nada sobre exorcismo. *El libro infernal* es muy especial porque ya no se imprime. De casualidad a él le queda un ejemplar, un caballero le pidió que se lo pusiera a la venta. Hurga en un maletín y pone el libro en mi mano. Mil córdobas. Lo dejo sobre la mesa y miro los otros libros. En sus páginas hay oraciones a Santa Marta, al armadillo, al juez justo, a la sombra de San Pedro, al limón, al Alma Solitaria. La mayoría ayudan a resolver problemas de amor, que son los que más atiende.

—Cuánta maldad en nombre del amor...—lamenta Carlos.

Otros curanderos llegan tan lejos como pedir la muerte del amante de un cónyuge infiel, pero no es su caso. Él no maldice. Eso es magia negra. Lo que él hace es magia blanca, para romper las maldiciones. Cada mal tiene su fuerza antagónica.

—Pero lo que es bueno para unos puede ser malo para otros—sugiero yo.

Carlos se encoge de hombros:

—Yo simplemente hago lo que el cliente me pide.

Y el cliente hace lo que él le pide. Recientemente una mujer quería recuperar a su marido. Carlos le entregó un envase para que pusiera algo de su marido—cabellos, uñas, una foto, una prenda de vestir que tuviera su energía—y lo enterrara en el jardín. Luego, cuando sonaran las campanas de medianoche, debía masturbarse encima del entierro pensando intensamente en el diablo.

—Lo hizo y el marido volvió.

La sanación le parece complicada, no es su especialidad. En casos de enfermedad intenta establecer de antemano si es un problema de brujería: de ser así sigue adelante, de lo contrario lo deriva al hospital o a la farmacia. Otros no lo hacen y atienden a cualquiera. Por lo mismo no está de acuerdo con eso de que «la cuna de los magos» nicaragüenses se encuentra en los pueblos blancos: Diriá, Diriomo, Niquinohomo, Catarina. Tienen todavía buen nombre pero con el fallecido Juan Castellón desapareció el último gran curandero de esos lugares. Hoy en día quedan unos pocos farsantes que viven a costa de la fama de sus predecesores.

Se queda pensativo un momento:

—Pero bueno, a los nicaragüenses les gustan las mentiras—asegura—. Les encanta que los engañen. Aunque tengan una pequeña dolencia de nada, prefieren escuchar que es obra del demonio.

Entra una mujer y le informa que ha llegado el borrachín. Carlos le pide que lo haga pasar. La mujer se retira y aparece un hombre de unos veinticinco años que va a sentarse sobre la cama.

—¿Todavía no se te pasa?—pregunta Carlos.

—Desgraciadamente no.

—Bueno, se ve que te ha tocado duro. Acostate y cerrá los ojos.

Carlos toma su libro y saca del bolsillo del pantalón una almohadilla roja, la pone sobre la frente del paciente presionándola con la mano derecha. Luego comienza a pronunciar palabras ininteligibles de las que solo puedo entender «amén». Con una botella de plástico rocía, más bien deja caer agua sobre el cuerpo del hombre. Su rosto se desfigura, respira con dificultad. Carlos coloca una cruz sobre su frente, sobre su pecho y estómago. Luego le da un golpecito en la barbilla y el hombre abre los ojos.

—Recibiste un golpe, ¿ah?

El hombre asiente.

Carlos le pasa una toalla y mientras se seca me explica que este paciente sufre de alcoholismo. Con el tratamiento logra controlarse, pero luego de un tiempo recae.

—Imaginate—dice Carlos—. Este hombre tiene que trabajar pero cuando le baja el deseo de tomar vaga noches enteras por Masaya en busca de alcohol. ¿Cuánto ha durado esta vez?

—Un par de semanas—responde el borrachín.

Luego nos habla sobre el mono blanco que se le volvió a aparecer en su casa justo antes del último ataque. Carlos me mira con picardía:

—Brujería. ¿Entendés?

Carlos le pide que tenga confianza y lo cita para dentro de cuatro días. El hombre saluda y sale de la habitación. Luego aparece la misma mujer anunciando una nueva visita.

—Dejala entrar—responde Carlos y pide a la mujer que rellene la botella plástica. Le pregunto por el contenido.

—Agua bendita.

—¿Y cómo la consigue?

—Todo el mundo puede bendecir el agua—me explica. Toma una botella imaginaria, hace la señal de la cruz y dice—: en el nombre del Padre, del Hijo y del Espíritu Santo. Así se hace.

Entra una chica gordita, de unos diecisiete años. Ha venido con su madre. La paciente se sienta en la cama.

—¿Te has untado tal como te dije?—le pregunta Carlos.

Ella asiente muy seria y con un hilo de voz agrega que no ha servido de mucho.

—No pensarás que te vas a librar de él en un dos por tres, mi amor.

Le golpea el hombro paternalmente. Se trata de otro curandero, me cuenta, que la hace bailar en un circo. Me lanza una mirada estupefacta, ¡en bikini!

—Dale—interviene la madre—, decíselo.

—¿Qué cosa, mi amor?—pregunta Carlos.

La chica se retuerce los dedos y dice que el curandero la ha amenazado con maldecir su casa si abandona el circo. Carlos sopesa la información, mira a la madre y luego a la chica.

—Acostate—le dice finalmente y comienza a rezar.

La madre murmura, sin dirigirse a nadie en particular, que todo empezó cuando ella y su esposo tuvieron estos problemas, hace años. Carlos despierta a la chica con un pequeño toque en la barbilla.

—Recibiste un golpe, ¿ah?

Ella asiente.

Les pregunta si van a la iglesia. La madre dice que ella no, desde que tuvo estos problemas con su marido. A Carlos le parece una buena idea que vayan nuevamente a misa. Anima a la chica diciéndole que lo más importante es que no tenga miedo, y que siga poniéndose la pomada. Les pide que vuelvan en cuatro días.

Una vez que las damas se han marchado le pregunto a Carlos qué dice la iglesia de su profesión.

—No se opone—responde.

Hace poco el obispo de León, cuando se supo que Carlos había curado a una niña, declaró que toda persona que sepa hacerlo, puede curar. Además, cuando un cliente le pregunta por su fe, él solo tiene que mostrarle sus oraciones para dejar claro que trabaja con la bendición de Dios.

—De hecho el curandero es un mediador—me explica—, un instrumento. Es imposible curar a nadie si Dios no lo quiere.

La iglesia no le merece mucho respeto: aunque fue bautizado católico y alguna vez asiste a misa, se declara agnóstico.

—Leé lo que está en la Biblia y comparalo con lo que hacen en la iglesia: adorar santos y vírgenes. Según la Biblia eso es malo, pero ningún sacerdote lo prohíbe.

Garay detesta especialmente a los curas.

—El celibato no significa nada—dice con desprecio.

¿Cuántas mujeres no le han abierto su corazón? El dolor del alma es muy grande cuando el cura mete la mano por debajo de la falda. Y no hablemos de la angustia de los hombres.

Carlos tiene su propia lectura de las Escrituras. Jesús y los apóstoles eran curanderos como él. ¿De qué otro modo podrían haber realizado milagros? Y los santos, más de lo mismo. El más grande hechicero y adorador del diablo fue, por supuesto, San Cipriano.

La mujer aparece de nuevo en el umbral de la puerta. Deja entrar a un hombre de unos treinta años que saluda, se sienta y va derecho al grano:

—Ahora quiere que nos separemos.

Esto lo oyó ayer de su madre, que lo oyó de una amiga que a su vez lo oyó de una amiga que es amiga de su mujer.

—Y vos querés que ella regrese, ¿verdad?

—Claro que sí.

—¿Ya sabés quién es el otro?

—No.

—Tratá de averiguarlo para que hagamos algo al respecto. Y ahora acostate en la cama.

Después del tratamiento el hombre saca del bolsillo del pantalón una hoja de papel y se la da a Carlos. Es una oración para recuperar a su mujer.

—Pensé, mejor le pregunto a Carlos. Vos sos el que sabe.

Carlos le devuelve el papel.

—A ver, escuchemos qué dice.

Mientras el hombre lee, Carlos me mira divertido.

—Suena bien—lo interrumpe—. Lo más importante es que mientras leás la oración pensés intensamente en tu deseo de que regrese.

—¿Sigo leyendo?

—No hombre, así está bien.

Dobla el papel, lo guarda en su bolsillo y se dirige directamente a mí: ¡tanto ha cambiado su vida desde que llegó donde Carlos!

—Yo andaba por los suelos, sin trabajo, a medio vestir. No tenía más que una pantaloneta para ponerme. Y después, todos los problemas con mi mujer.

Levanta su camiseta a cuadros entre índices y pulgares, luego se da una palmada sobre los vaqueros impecables.

—Y mire cómo ando ahora.

Siguiendo las instrucciones de Carlos, encontró la bolsa con sal y orina debajo de su cama. Esto quería decir que la cosa era grave.

—Como curandero uno presiente este tipo de cosas— interviene Carlos.

Gracias a Carlos su vida retomó el buen rumbo, sigue contando. También está profundamente agradecido de que hasta ahora no le haya cobrado por sus servicios.

—Yo estaba sin un centavo y Carlos me dijo: «ya vendrá». Una vez que llegue, él será el primero.

Y según parece no tendrá que esperar demasiado. El trabajo se está acercando, nada concreto todavía, pero se siente. Hay incluso algunas ofertas. Le pregunta a Carlos qué le parece que se dedique a vender libros puerta a puerta. A Carlos no le parece una buena idea.

—Escuchá—le dice mientras saca tres velas de debajo de la mesa—. Te voy a dar estas velas, las volteás...

Carlos muerde la parte inferior de las velas, una por una, y escupe los trozos de cera.

—Las untás con ceniza y azúcar y las encendés, de ser posible a las doce de la noche.

Carlos enciende las velas y se levanta.

—...y las sostenés en alto. Pensá en tu deseo, que nunca podrá vivir sin ti, y das tres saltos: uno...

Carlos salta.

—¡Satán! Dos...

Carlos salta.

—¡Lucifer! Y tres...

Carlos salta.

—¡Luzbel! Luego ponés las velas en el suelo y dejás que se consuman.

El hombre le pide un papel para escribir: quiere seguir las instrucciones al pie de la letra.

—Y otra cosa—sigue instruyéndolo—, este domingo llená un cubo con agua, ponelo en el jardín y parate desnudo adentro.

—¿Desnudo?

—Hacelo en la noche, a las doce, así no tendrás problemas. Tomá la camiseta más vieja que tengás y raja la manga derecha por encima de tu cabeza.

—Espere un momento—dice el hombre, que escribe aplicadamente—, ¿me dijo la manga derecha?

—Te voy a mostrar cómo.

Carlos se quita la camisa y jala de la manga derecha por encima de su cabeza.

—Tirás hacia abajo y decí: Satán, tomá tu parte y andate.

—¿Y el agua?

—Tenés que botarla. También la camiseta. La tirás a la basura.

La mujer aparece en la puerta y anuncia a «la niña».

—Estoy casi listo—dice Carlos.

Le pide al hombre que regrese a informarle dentro de cuatro días.

Cuando se ha ido, Carlos me mira muy serio. La niña está poseída por el demonio. El tratamiento ya lleva un par de días, pero todavía lo tiene adentro. Quizás hoy se lo pueda sacar.

—Me temo que no podrás quedarte. Por mí, encantado, pero es por mis clientes. Los conozco, no quieren ningún extraño cerca.

Se levanta, lo sigo y salimos de la consulta. En la sala de espera hay una pareja con una niña de unos doce años. Los padres tienen una sonrisa boba en los labios. Garay los saluda como a viejos conocidos. La niña es rellenita, de ojos saltones y la mirada perdida. Garay les señala el consultorio. Los padres toman a la niña de la mano. Ella empieza a resoplar y avanza dando pasos cortos, a regañadientes. Carlos cierra la puerta.

La sala de espera está vacía. Me siento en una mecedora y escucho el ruido de la nevera. Sobre el escritorio junto a la ventana hay un aviso en grandes letras rojas. TODA CONSULTA DEBE SER PAGADA. Detrás del escritorio cuelga el mismo tipo de reloj que en la casa de Esteban Bárcenas: un enorme reloj con forma de pulsera. Su tic tac se mezcla en mis oídos con el molesto zumbido del refrigerador, como si le diera un ritmo.

Distingo la voz de Carlos a través de la puerta. Produce sonidos ininteligibles, encadena frases a toda velocidad, conjuros en tono cada vez más alto y fuerte que terminan con un «¡Dios Todopoderoso!». Luego calla. Escucho los suaves gemidos de la niña, Garay retoma las oraciones y sus palabras retumban por toda la casa. Una letanía sigue a la otra. En los silencios se escuchan los lamentos de la pequeña. Carlos clama «¡Ángel Miguel!», luego «¡Satanás!» o «¡Lucifer!». La niña grita y gime.

Tras un nuevo silencio se abre la puerta del consultorio y Carlos, la camisa remangada, entra en la sala. Se sienta junto a mí, la frente perlada de sudor. Me explica que la pequeña tiene el dolor en la espalda, exactamente donde está alojado el demonio.

—La bestia comenzó a gritar y a escupir. Es una maldición que persigue a esta familia desde hace años. Aún no he terminado.

Se enjuga la frente con un pañuelo y se echa hacia atrás.

—Escuchá—dice al poco rato, ya recuperado—. Se me ocurre algo. Acompañame y decimos que sos mi asistente. Además tiene tanta fuerza que otro par de manos no me vendrá mal.

Entro al consultorio detrás de Carlos. La niña yace en la cama, parece dormida. Sus padres están a sus pies, atentos y preocupados. Hay también un joven que no me parece haber visto antes. ¿Otro asistente?

Carlos nos pide que sujetemos a la niña por los brazos y las piernas. Ella se resiste. Carlos se inclina y le pide que sea valiente. La pequeña lo mira angustiada. Garay extiende la mano sobre su frente, desliza los dedos lentamente hacia abajo y los cierra sobre su nariz. Retira la mano y sacude bruscamente los dedos. Después toma la almohadilla roja, la pone sobre su frente y presiona fuerte con la mano derecha. Con la otra toma *El libro infernal* y comienza: «Yo siervo de Dios...».

Vierte una botella de agua bendita sobre su cara. La chica se retuerce. Luego rocía su vientre. Ella grita e intenta soltarse. Garay empieza una nueva oración, coloca la mano derecha en su espalda y la pellizca en la zona de los riñones. La niña lucha por zafarse dando gritos, la sujetamos con firmeza, Garay pellizca una y otra vez. En medio de los gritos y las convulsiones me sorprende la enorme fuerza del pequeño cuerpo. Garay le deja caer encima oleadas de rezos. Ha tomado una cruz que pone delante de su cara. Ahora él también grita, le sale espuma por la boca. La niña logra girar, suelta patadas y encorva la espalda.

Carlos se deja caer en su silla y calla. La niña se relaja. Sus bramidos se transforman en un gimoteo. El padre y la madre se inclinan sobre ella, le acarician el rostro y le dicen palabras cariñosas.

—Todavía no lo agarro—dice Carlos jadeando—. Hoy ya no tengo fuerzas. Vamos a continuar mañana.

Los padres miran perplejos, como si se acordaran de un sueño amenazante e incomprensible del cual acaban de despertar pero todavía da vueltas en sus cabezas. El padre me dirige la palabra:

—Realmente, yo antes de venir aquí no creía en estas cosas.

Su esposa asiente.

—Es increíble.

Salimos todos a la sala de espera. Los padres intentan tranquilizar a la niña diciéndole que todo va a terminar muy pronto. La chica mira con ojos vidriosos a su alrededor. Da la impresión de que las palabras no le llegan. Carlos los acompaña hasta la puerta.

—Un día más, tal vez dos y ya estará sana—me dice más tarde, sentados en las mecedoras.

Divaga la mirada por la sala vacía.

—Mirá cuántos clientes.

Mueve la cabeza, contrariado.

—¿Sabés cómo funciona la cosa aquí en Nicaragua cuando abrís un negocio? Primero viene una avalancha de gente, pero después de un tiempo se aburren.

Por eso ha puesto las mesas de billar en el jardín; a media tarde saca el plástico y por la noche llega bastante gente. Afortunadamente tiene además un taxi. Pero al mismo tiempo la vida está cada día más cara.

—Siempre hay que ver cómo se sale adelante—dice alzando las cejas.

Aparecen dos mujeres en la puerta.

—La poseída de Nindirí—me susurra Carlos—. Su madre la trajo la semana pasada, no podía hablar y veía todo negro a su alrededor. Completamente loca.

Les hace un gesto para que pasen.

—Cómo puede cambiar todo en una semana, ¿no es verdad?

La mujer asiente con la cabeza. La otra dice que el esposo de su hija ha regresado. Ya es casi la misma de antes.

—Clientes satisfechos—me dice Carlos sonriendo.

Sabe bien que sus vecinos no lo toman muy en serio. Qué importa, eso también está en la Biblia.

—No podés ser profeta en tu propia tierra—dice levantándose.

Nos despedimos. Las visitas reclaman su atención.

La fe

Diriamba. Un pueblo cualquiera en la meseta. Un lugar que solo se descubre cuando estás por abandonarlo. Una iglesia, una plaza, una pensión y algunas calles. Calles rectas de norte a sur y de este a oeste, donde el recuerdo del pasado colonial es lo único que desafía al viento que barre el polvo y que nunca deja de soplar. Los sonidos se esfuman, lo mismo que las ilusiones.

Anochece. De camino a Diriá, una de las aldeas de curanderos, tomé un bus equivocado y vine a parar a Diriamba. El bar Flomoli es el único lugar donde sirven comida.

—Hello, my friend—saluda un hombre, apenas me siento.

El hombre, pequeño y delgado, se levanta y camina tambaleándose hacia mi mesa, se inclina y extiende la mano:

—Please let me introduce myself: José Hernández, at your service.

Su aliento huele a alcohol. Se sienta en mi mesa y me mira fijamente con sus ojos vidriosos.

—Do you speak Spanish?

—Yes, I do.

Continúa mirándome, da una calada a su cigarrillo y exhala el humo.

—Dale pues. Hablemos en español. Es más conveniente para que nos entendamos bien. Es importante entenderse, ¿verdad? Conversemos pues, que para eso estamos, ¿no?

Hernández carraspea.

—Me gustaría hacerle una pregunta. Una nomás. A ver si sabe.

Hace una pausa.

—Estamos aquí tranquilos, tomando un traguito, conversando. Es lindo, ¿no?

Hace una nueva pausa.

—Pero a todo eso... ¿dónde está la fe?

—¿La fe?

—Sí, la fe. ¿Qué es la fe? Usted se ve preparado y hasta inteligente, por eso le pregunto, porque es un asunto bien complicado. ¿Usted sabe qué es la fe? ¿Me puede explicar eso? Nada más una cosa.

Se saca un mechón de la frente y no me quita los ojos de encima, hasta que se le cae el cigarrillo de la boca. Se agacha para recogerlo, lo vuelve a sus labios y espera.

—La fe—digo yo—, es creer en algo sin saber qué es; creer que el camino que uno sigue es el buen camino. Algo así.

—¡Exactamente! Algo así. Pero usted no lo sabe, no realmente. Yo no lo sé, nadie lo sabe. Nadie puede explicarme qué es la fe. ¿Dónde está?

Con un movimiento lento pero repentino gira, se tambalea y agita el brazo en alto.

—¡Señorita! Señorita, tráiganos dos cervezas. Usted se toma una cerveza conmigo, ¿verdad?

—Con gusto.

La camarera llega con las dos cervezas.

—¿Pero usted no es católico?—le pregunto, después de que hemos brindado.

—Cómo no, soy católico. Creo en Dios y voy a la iglesia.

—Y el cura, ¿qué dice?

Hernández se encoge de hombros.

—Bah, ése tampoco sabe lo que es la fe. Y seamos honestos: ¿qué tiene que ver la fe con si voy a misa, pienso en el Señor y no veo más que mujeres? Rezo y pienso en Él, lo más profundamente que puedo, usted me entiende, y lo único que veo son mujeres, mujeres desnudas. ¿Cómo voy a creer si mientras oigo misa estoy pensando en mujeres?

—Pero la fe y las mujeres son dos cosas distintas, ¿no?

—No hay fe, se lo digo yo... Ya tengo más de cincuenta, ¿no es cierto? Podríamos decir que tengo un poquito más de experiencia que usted, digamos, en las cosas de la vida.

Termina la cerveza con sonoros tragos. Le escurre espuma por la comisura de los labios y se limpia con el dorso de la mano de izquierda a derecha.

—Tengo mi taller de mecánico, allí nomasito a la otra cuadra. Trabajo todos los días, como debe ser. Tengo mi mujer y mis cinco hijos. Pero le digo: no hay fe.

Sacude la cabeza.

—Cómo quiere que la haya si se le muere a uno su hijo más querido. De todos los que tengo, tenía seis, era el más querido. Era el mejor y se me muere. El mejor de todos, verdad, que yo le decía: «vos sos el mejor», y se me muere. A todo eso, verdad: ¿dónde está la fe?

Me interroga con sus pupilas brillosas y enrojecidas, luego baja la mirada.

—Entonces me metí en el trago. Un año por lo menos, ingiriendo guaro, de mañana, de tarde, de noche. Siempre trabajando, eh, aunque por la mañana tomaba menos, pero ya en la tarde, ¡rrraaasss!

Antes de seguir hablando ordena otras dos cervezas.

—¿En qué he fallado?, se pregunta uno. No sabía yo que andaba metido en las drogas. ¿Cómo lo iba a saber?

Levanta la cabeza y me mira fijamente:

—¿Sabe que tuve sueños? Frente a mí se me aparecía la Virgen, vestida de blanco, blanco. Me arrodillo frente a ella y siento cómo me echa pétalos de rosas rojas en la cabeza. Después, una semana más tarde, se me aparece un señor que camina delante de mí. No sabía yo que era el Hijo, hasta que de pronto se da la vuelta, me clava el dedo y me dice: «¡Vos!».

Hernández me apunta con el dedo.

—Y a los pocos días se me muere el hijo querido. El mejor, como le decía yo. Todito lo tenía preparado, suicidio fue. ¿Cómo lo iba a saber yo? ¿Dónde he fallado?, me decía, ¿verdad? Pues cuando a uno le ocurren cosas así, se pregunta: ¿dónde está la fe? Y en misa, pensando en el Señor, nada más se me aparecen mujeres, ¿entiende lo que le digo?

Toma un largo trago de cerveza.

—Mi taller no anda mal, verdad, pero tampoco da para vivir de él. Así que a veces necesito que me ayuden mis hermanos; los tengo a todos viviendo en Estados Unidos, ¿ve? Cuatrocientos, quinientos dólares. Una hermana mía me envió un paquete, hace poco, ¿verdad? ¿Y sabe qué era? ¡Era veneno para matar cucarachas! ¡Pero si a las cucarachas se les mata así!, ¡con el pie y listo! Yo no necesito veneno, necesito dólares. Pues la próxima vez que venga se lo voy a decir claramente.

Chupa el cigarrillo con vehemencia y lo tira al suelo.

—Estamos jodidos, le digo. Trabajando aquí, en ese taller, mientras la realidad es que soy mecánico de aviación, ¿verdad?, pero en eso no me dieron trabajo.

Piensa un momento.

—¿Sabe lo que digo? Ojalá que el nuevo gobierno saque este país adelante. Entiéndame bien, ¿verdad?, que no soy ningún somocista, pero los sandinistas han hecho mierda a este país. Sabe lo que significa «hecho mierda», ¿no? Pues eso. No soy somocista, ¿verdad?, pero él no era ningún dictador, uno trabajaba y en paz. No hubo tanto alboroto con él como con los sandinistas. Como le digo, si no se saca este país adelante, estamos jodidos.

Baja nuevamente la vista y calla. De pronto levanta los ojos y pregunta:

—¿Y a usted que lo trae por aquí? ¿Anda trabajando?

—De periodista.

Se ríe.

—¡De periodista! Entonces, pues, estará grabando todo esto, ¿no? Para luego publicarlo en sus revistas. Va pues, lo que aquí vamos a hacer es decir la verdad, que a los periodistas siempre hay que decirles la verdad. La verdad todita. ¡Señorita!

Ordena otras dos cervezas y continúa.

—I am very pleased to meet you, my friend. Así se dice en inglés, ¿no es cierto? Encantado de conocerlo.

Deja escapar una risita, se pone nuevamente serio y dirige la mirada a la mesa.

—Y yo soñando con la Virgen, blanca iba, echándome rosas, y el Hijo diciéndome: «¡Vos!». Y se me muere el hijo, el mejor, ¿ve? A los pocos días fue. De haberlo sabido. Jodidos, estamos jodidos.

Toma un largo trago, se queda en silencio un momento y pone de golpe la botella en la mesa.

—Mire, como a los periodistas hay que decirles toda la verdad, pues le voy a decir algo muy indiscreto, pero eso no lo publica en sus revistas, ¿verdad? Una cosa personal, entre nosotros, que no lo graba, ¿no?

Se detiene y me mira de reojo.

—Ay, no sé si se lo puedo decir, que es una cosa muy íntima... ve, una pregunta.

Se le cae el cigarrillo de las manos, pero no se da cuenta.

—Yo soy un hombre hecho y derecho, ¿verdad? Tengo mi mujer y mis cinco hijos, ¿no?

Enciende otro cigarrillo y levanta la botella.

—A su salud, mi amigo, you are a nice guy. Con usted puedo conversar, porque no es de aquí.

Se pasa el dorso de la mano por la boca y libera el aliento.

—Como le decía, soy un hombre hecho y derecho. En misa se me aparecen mujeres, ¿no es cierto?

Carlos me mira directamente a los ojos.

—Pero la verdad, usted quiere saber la verdad, ¿no es así?, la verdad tal como es.

Le da una larga chupada a su cigarrillo. Después de tomar otro buen trago se echa hacia delante, apoya los brazos en los muslos y sostiene flojamente la botella entre los dedos. Me mira con el rabillo del ojo.

—Mi mujer... mi mujer, cómo le dijera, mi mujer no quiere saber nada conmigo. Como si fuera de fierro, así se acuesta a mi lado. Yo no lo aguanto. Hace años que no me abre las piernas. Simplemente no lo puedo soportar, ¿me entiende?

Se endereza un poco y me mira con una mirada turbia pero intensa.

—Usted en cambio es grandote, a su lado yo soy un flacucho, usted se ve potente, por lo menos es lo que a mí me parece, ¿sí o no?

Guarda silencio, mira pensativo y dice finalmente:

—Mire, tengo mi casa aquí a dos kilómetros, ve, de la Colonia media cuadra al sur está. Usted va nomás para allá, ve las casas y se para delante de la grande y blanca y dice: «es la mejor». Esa es mi casa, la mejor.

Me da una mirada cohibida.

—Pues le pregunto algo muy indiscreto, ve... algo muy entre nosotros, ¿verdad? La cosa es que si me acompaña para mi casa va a encontrar a mi esposa, que usted sí le va a gustar.

Mira fijamente hacia adelante, toma un largo trago de cerveza y permanece un rato sumido en sus pensamientos. Luego habla muy serio, si bien con dificultad.

—Y yo pensando en mujeres nomás, hasta en la casa de Dios, y con estos sueños ¿verdad?, y mi hijo, que se me muere. Así le digo yo, amigo, you are a nice guy, pero la verdad, que eso es lo que platicamos, ¡la verdad es que aquí no hay fe!

Así es. Diriamba, un pueblo cualquiera. Antes del cruce, donde el camino hace una curva y pasa por una gasolinera a la salida del pueblo, se levanta un campanario tan desolado como los campos que lo rodean. Los puntos cardinales están señalados por cuatro sobrias flechas. Las puntas se mueven lenta e inexorablemente mientras sopla el viento, cada día, cada noche, llevándose el polvo, los sonidos y las ilusiones. También la fe, que ciertamente aquí no existe.

LA COSTA

Bluefields Blues

En la pista de aterrizaje me espera Osmany. Al menos así se presenta el hombre de cabello impecable y un peine como arma principal de su encanto cubano, que me saluda y camina delante mío para salir del aeropuerto y entrar en «la otra» Nicaragua.

Media hora después de levantar vuelo en Managua comenzó a hacerse visible. Ahí estaban las montañas que dividen Nicaragua en dos, de norte a sur. El pequeño avión, que compartía con una decena de pasajeros, fue dejando atrás el Pacífico, la Nicaragua que da a este océano, tierra de lagos y volcanes, de la Colonia española, conquistadores y catedrales, la tierra de los mestizos. Cruzando las montañas entramos en la Costa Caribe. La extensión hasta el mar es un paisaje de colinas desnudas que un día fueron selva virgen, cortadas por ríos que forman lagunas que, a su vez, desembocan en el mar Caribe. Alguna vez los piratas europeos anduvieron merodeando estas costas. Más tarde quienes daban las órdenes eran los británicos. Aquí, en más de la mitad del territorio nacional, vive el diez por ciento de los nicaragüenses. Cada vez más población nueva viene del otro lado de las montañas. Los mestizos llegan en busca de tierras de cultivo. Actualmente son mayoría pero invisibles porque en la Costa es motivo de orgullo ser indígena o negro, y en silencio, porque el costeño prefiere hablar inglés.

Después de una corta caminata llegamos a una casita de madera. Osmany saluda a los dos hombres que están sentados en el patio. Uno de ellos es Pizarro, que junto con Osmany lidera la misión médica cubana en Bluefields. Nuestra mutua amistad con Emérita Berríos, de León, ha facilitado que me den alojamiento por un par de días. El otro, un hombre mayor de rostro cobrizo y ojos intensamente azules, dice que es pescador. No menciona su nombre.

Me pregunta si tengo hambre. Respondo que sí y grita algo incomprensible hacia el interior. Al poco rato aparece una mujer que me ofrece un plato de frijoles y arroz. Saco la botella de ron que he traído de Managua. La mujer trae un vaso para cada uno. El pescador dice que hay hielo en la casa y mientras llena los vasos le pide a la mujer que traiga Coca-Cola.

El pescador cuenta que abandonó Cuba en el éxodo de los balseros, en 1994. Se habrá desviado hacia el sur por accidente, me digo. Después de todo, lo que quiere un balsero cubano es llegar a Miami.

El ron nicaragüense no será el cubano, dice chasqueando la lengua después de un trago, pero la Costa no está nada mal. Como pescador se puede ganar la vida bastante bien.

Le han llegado fotos de Cuba, del matrimonio de su hijo. Las fotos pasan de mano en mano.

—Linda la noviecita, ¿no es cierto?

Los médicos asienten.

—Pero qué pena, ¿no?, una mulata.

Los médicos asienten de nuevo.

—Si hubiera sido blanca...—lamenta el pescador sacudiendo la cabeza.

Bluefields es el centro de la Nicaragua negra. Lo que dicen los libros es que la ciudad le debe su nombre a un corsario holandés, Blauwveld, que en el siglo XVII fundó el primer asentamiento europeo en la Costa. Antes de eso las lagunas a lo largo de la costa sirvieron a piratas ingleses, franceses y holandeses para ocultarse y atacar los galeones españoles. Cuando la piratería fue prohibida se dedicaron al comercio y la agricultura, para lo cual trajeron esclavos negros, en su mayor parte vía Jamaica.

Bluefields está muy lejos de Managua, pero allá cualquier persona sabe lo alegre que aquí es la vida. ¡Cómo bailan las mujeres el soca! Las mestizas envidian las piernas largas de las negras y les da miedo que sus hombres quieran algo más que sus piernitas cortas. Pero, también te advierten, los negros no son de fiar, además de ser flojos. Lo único que saben es fumar y vender marihuana.

Acompañado de Pizarro y Osmany entro en la posta de la misión cubana, en la calle principal de Bluefields. La misión parece haber vivido mejores días. En la sala de recepción cuelga un cartel desteñido de Fidel Castro y una bandera cubana deshilachada.

Para los costeños la llegada de los cubanos, a comienzos de los ochenta, fue una más de las ofensas que les hizo el gobierno sandinista. Después del cambio de mando de 1979 vieron cómo los sandinistas formaban sus cuadros en la Costa con mestizos del Pacífico. Esto fue muy difícil de aceptar para una población que tenía alto rango en la jerarquía de Bluefields desde finales del siglo XIX, cuando las multinacionales estadounidenses llegaron a la región para extraer oro y talar bosques. En el momento en que Somoza fue derrocado ocupaban los cargos administrativos más importantes. Con el arribo de los sandinistas perdieron sus puestos de trabajo, además de los bienes importados de Estados Unidos, que desaparecieron junto con las multinacionales.

El nacionalismo de tono fuertemente antimperialista del sandinismo despertó una antigua desconfianza entre los costeños: el sandinista sería un «español» y su revolución otro intento de colonización de la Costa. En cuanto a la ayuda cubana, esto significaba, además, que la Revolución era comunista. Cuando los médicos cubanos llegaron a Bluefields se encendió la mecha. Hubo disturbios que solo pudieron ser controlados por unidades de policía enviadas de Managua. Sin embargo, el conflicto nunca llegó a ser tan serio como el que enfrentó a los sandinistas con los miskitos.

Osmany me muestra la habitación de alojados. Me refresco un poco y salgo a la calle. Entro en el Caribe.

Veo pasar negras de grandes traseros que arrastran los pies, protegiéndose del sol con un paraguas. O de la lluvia. En Bluefields llueve por lo menos diez meses al año. Los ancianos se balancean en sus mecedoras, en porches que crujen. Los niños corren detrás de un aro que empujan con un palito. La calle principal se extiende como una cinta sinuosa a través de la ciudad, paralela a la amplia bahía de Bluefields, en realidad una laguna que, al otro lado, junto al puerto El Bluff, desemboca en el mar.

En el puerto impera un lento ajetreo. Hay cargadores de torso desnudo desembarcando cemento y maíz. Sin embargo, la mayor parte de los hombres están desocupados. Hablan fuerte y beben ron a la espera de algo que hacer, pero la oferta es escasa. Para trabajar tendrían que ir a El Bluff, donde los pescadores llegan con sus cargas de camarones y cangrejos, que en su mayor parte son embarcadas para Miami. De las embarcaciones que se ven aquí uno se pregunta si serían capaces de hacer semejante viaje: casi todas están a medio hundir y las que parecen listas para navegar muestran tales agujeros, debido al óxido, que cabe dudar que sobrevivan la próxima tormenta tropical.

Hay dos lanchas a motor para zarpar rumbo a Laguna de Perlas, pero todavía no llegan suficientes pasajeros. Los lancheros están ocupados en llenar los asientos. No dudan en robarse la clientela. Todos los transeúntes son interpelados y si alguno muestra interés se abalanzan sobre él como perros peleando por un hueso. Los pasajeros que esperan escuchan resignadamente el griterío. Nadie quiere ceder su asiento, ni siquiera por la lluvia, que de repente comienza a caer a cántaros. Se abren paraguas. Indígenas impasibles conducen sus canoas cargadas de naranjas hacia el muelle. He buscado refugio bajo el alero de la oficina portuaria y converso con un costeño que ha hecho lo mismo. Le pregunto si sabe dónde puedo conseguir marihuana.

—Hey, you just met the right person, man!—exclama mostrando sus enormes dientes en una carcajada. Su gorra de cuero negro, rebosante de cabello, se mueve al ritmo de su risa.

—If you want to smoke, I can invite you, man—dice después de preguntarme, medio en broma medio en serio, si soy agente de la DEA.

La lluvia cesa tan repentinamente como empezó. Uno de los lancheros me señala su lancha, que está casi llena. Con gesto airado me indica que está por salir. Le prometo al negro que volveré mañana, cruzo el muelle y salto a bordo.

La embarcación avanza rápidamente por el Río Escondido. Pareciera que solo tocamos el agua cuando a veces golpeamos contra una ola. Pasamos por El Rama, desde donde se puede viajar por tierra hasta Managua. En las orillas del río hay muchos árboles derribados, supongo que son las huellas del huracán Juana, que asoló la costa hace algunos años. A izquierda y derecha aparecen astilleros con barcas oxidadas. También, inesperadamente entre los manglares o en medio del río, restos de naves. ¿Quedaron ahí simplemente abandonadas o fueron hundidas durante la guerra?

Después de Kukra Hill y Haulover entramos en la laguna. Laguna de Perlas. Pearl Lagoon; en inglés tiene algo de fabuloso.

La lancha atraca en el muelle de la aldea del mismo nombre. Bajo e ingreso por el camino de tierra que la atraviesa de lado a lado. A derecha e izquierda se levantan casas de madera sobre pilotes. Las gallinas corren y cloquean. Los caballos pastan tranquilamente en la vereda.

—Merry christmas—se desean los transeúntes al pasar.

Hoy es el primer día de Navidad y la gente ha llegado de lugares cercanos como Bluefields y Corn Island, pero también de Estados Unidos a celebrar con sus familiares.

Chicas con vestidos de encaje rosado o amarillo suave pasean de la mano, chismeando animadamente. Me hacen pensar en una historia de los años ochenta, cuando soldados de la Contra raptaron a veinticinco muchachas de Pearl Lagoon, según se dice para aprovecharse de ellas. Solo una regresó con vida.

Los padres, en trajes de domingo, caminan detrás de las muchachas. Lo más probable es que vayan a misa. Repican las campanas de la iglesia blanca al fondo del camino.

—Hello mister, where are you going?

Las dos jóvenes me hablan desde la galería de una casa en la que suena música a todo volumen. No a la iglesia, respondo, y agrego que solo estoy dando una vuelta por la aldea y luego regreso a Bluefields.

—Stay with us—dice una de ellas señalando la casa por encima del hombro—. We can dance. And then we go. You can stay until tomorrow.

No tengo ninguna gana de meterme en la discoteca. «Entonces podríamos tomar una cerveza en la terraza del café que está al lado», dicen ellas. Es cerca de mediodía. Falta una hora para que salga la lancha. Acepto la invitación, pero cuando las damas comienzan de nuevo con la invitación a la discoteca les digo que tengo que seguir adelante.

El lanchero y sus dos tripulantes están bebiendo cerveza en un bar con vista al muelle. El lanchero dice que, para poder partir, tiene que ir a buscar a un pasajero. Termina su cerveza y se interna en la aldea. Me siento a esperar en el porche frente al bar.

—Hello there you—me saluda un hombre mayor.

Me da la mano y se sienta a mi lado. Dice que se llama Rafael Campbell. Es miskito y vive en Awas, a media hora de navegación hacia adentro. Un miskito habla cuatro idiomas, dice Campbell: miskito, creole, español e inglés. Hay blancos que hacen el camino entero hasta su aldea para aprender miskito. Lo aprenden de arriba abajo, vuelven a casa «and then they make money».

Nicaragua es un buen país, dice Campbell.

—We have a land of freedom. Maybe where you come from, there is no freedom.

Lo miro estupefacto. No ha pasado tanto desde que los miskitos luchaban por su libertad contra los sandinistas. Para ellos también había en la Revolución algo del impulso colonizador de los españoles. Y mientras que los negros y los sandinistas resolvieron sus diferencias sin derramamiento de sangre, con los miskitos fue distinto. Ellos vivían en la Costa desde mucho antes y se sintieron perseguidos cuando, en nombre de la reforma agraria sandinista, debieron abandonar las tierras comunales que ocupaban desde hacía siglos.

Del bar sale una mujer borracha, con una botella de ron semillena en la mano. Intenta hablar con Rafael pero éste le hace un gesto de que siga su camino. La mujer da unas vueltas por la calle, aborda al primer hombre que le sale al paso y poco después se alejan tomados de la mano.

—Mirá—dice Rafael riendo—, ésa se va con cualquiera. Si quisieras podrías hacer el amor con ella aquí mismo. Pero no fue así como lo dispuso Dios. Un hombre tiene que estar con su mujer. En la vida tenés que saber lo que querés y seguir tu propio camino. Si primero andás por aquí, después por allá y luego todavía por otro lado no llegás a ninguna parte.

Me pregunto si el lanchero no andará «por allá» también en lugar de estar buscando al pasajero. En cualquier caso el hombre se hace esperar. Uno de sus tripulantes asoma de vez en cuando la cabeza por debajo de la lona que cubre un bote amarrado al muelle, por el mismo lugar donde se deja ver a ratos la cabeza de una muchacha.

Comienza a soplar un viento que arrastra nubes de polvo por la calle. Rafael se pone de pie y se marcha.

Su lugar a mi lado lo ocupa ahora Stanley. Es de Laguna de Perlas.

—Yeah, a nice place—responde sin mucho entusiasmo cuando le digo que su aldea me parece muy agradable.

La gente por aquí vive del agua, dice. No del buceo de perlas, no, porque en esta laguna no hay perlas. Lo que se encuentra, y mucho, son camarones y cangrejos.

—Con una lancha ya te las podés arreglar—asegura—. Sos tu propio jefe y con algo de suerte incluso te podés comprar otra.

Pero Stanley no tiene dinero para comprar una lancha. Debo entender que trabaja en lo que puede. Cuando llega una lancha carga cajas de bebidas al bar, equipaje hasta el hotel. Alguien le da veinte córdobas, otro le da diez. La comida no es problema, nunca falta el pescado o algo. El dinero es para los gastos extras.

—Ayer me hubiera gustado sacar a mi mujer, como corresponde en una noche de Navidad. Tomar unos tragos, ir a bailar. Sí, ¿pero con qué iba a pagar?

Este año tampoco tuvo dinero para hacerles regalos a sus hijos. Tuvieron que irse temprano a la cama.

—En la vida todo es cuestión de tiempo, ¿entendés? Mañana mismo pueden mejorar las cosas. Eso es el tiempo. No se pueden forzar las cosas. Tenés que esperar el momento justo y... ¡pam!

Da un puñetazo en la mano abierta.

—Si realmente querés algo en la vida, lo conseguís. Todo está a tu disposición, pero tenés que dar lo mejor de vos, trabajar duro, day and night, seguir adelante. Maybe next year, you know.

Faltando poco para las tres aparece el lanchero. Tenemos que apurarnos, dice, quiere llegar a casa antes del anochecer y hasta Bluefields son por lo menos dos horas de navegación. El viento sopla más fuerte. Ante nosotros los pelícanos sobrevuelan la blanca cresta de las olas. No pudo encontrar al pasajero, dice. Las chicas de Pearl Lagoon, pienso yo. Maybe next year.

—Let's walk.

Su gorra de cuero negro se mece al ritmo de sus pasos. En la esquina de la calle principal gira sobre sí mismo y me alarga la mano.

—By the way, I'm Earl, Earl Kirkland, pleased to meet you.

Tal como ayer, hoy lo encontré en la oficina portuaria. Salimos del centro caminando sin apuro a lo largo de una hilera de tiendas de comestibles, ferreterías, carretones de frutas, negocios de comida. Las casas de madera están construidas sobre pilotes, sus puertas y ventanas cerradas con mosquiteros. Se ven agujeros en los muros, alféizares carcomidos y pintura descascarada. En contraste, la reluciente iglesia blanca sobresale por encima de las casas. Al pasar se puede ver que está recién pintada. Un negro desmaleza el ordenado césped que se extiende ante ella.

—La iglesia Morava—dice Earl.

Una cantidad adecuada de trabajo misionero podría salvar a la población indígena de su bárbaro mundo de tinieblas, escribió el escocés Orlando Roberts, comerciante y escritor de viajes que recorrió la Costa a comienzos del siglo XIX. Poco después llegaron los primeros misioneros moravos. Esto sucedió tres siglos después de Colón, que fue el primer europeo en poner pie en la Costa, en 1502, pero se largó al poco tiempo. Posteriores intentos españoles de colonización sucumbieron ante la selva inescrutable o fueron salvajemente aplastados por los combativos indígenas. Finalmente la Costa quedó en manos de los ingleses. No buscaban la sumisión sino hacer negocios. La moral la dejaron en manos de misioneros como los moravos, cuyo estricto mensaje basado en principios de una vida decente y trabajo encontró acogida tanto entre los indígenas como los negros.

Caminamos por una maraña de senderos, rejas de metal, techos de lata acanalada, neumáticos y gallinas sueltas. Estamos en un barrio pobre de Bluefields, un neighbourhood, como lo llama Earl. Sus habitantes son negros. Y como negros, no tienen oportunidades, dice. Los buenos empleos son para los mestizos.

—Them Spaniards are the worst fucking racists in the world, man—asegura—. They don't let us.

Que en Bluefields haya casi siempre tranquilidad se debe a que los creoles tienen la sangre menos caliente que los miskitos, dice Earl y agrega riendo:

—We smoke grass, you know.

Hasta donde alcanza su memoria, la ganja llega en fardos y en grandes cantidades, desde el mar. En Bluefields se puede comprar lo que se quiera: coca, cogollo, crack. Todo colombiano. El tráfico pasa por las islas colombianas de San Andrés y Providencia o, más cerca, por la nicaragüense Corn Island. En el periódico aparecen a menudo noticias sobre cientos de kilos que han quedado a la deriva después de persecuciones de la

DEA o la marina de Nicaragua. Cuando las autoridades les pisan los talones a los traficantes, la carga va a dar al agua.

—Llega simplemente flotando—explica Earl—. Los colombianos la tiran por la borda, un pescador la saca del mar o la encontramos en la playa. Siempre hemos fumado. ¡Gratis!

Abre para mí una reja descompuesta. En el patio se ven ruedas de autos y piezas de motor. Una gallina escapa cloqueando. Hay también un columpio oxidado, con las patas hundidas.

—Y éste es Henry Morgan, un amigo—dice Earl cuando entramos a la casa.

—Hola—saluda Morgan riendo desde un sofá raído y nos invita a acomodarnos a su lado. Antes de sentarse, Earl saca un envoltorio de periódico de su bolsillo trasero. Lo abre y me lo alarga. La marihuana está seca al tacto, pero huele bien. Falta papel de fumar, dice. La fina cubierta de un rollo de papel higiénico lo reemplaza y se fuma igual de bien. Sin filtro ni tabaco. Pure Colombian.

La televisión muestra un programa de farándula. Las bailarinas son «hot», dice Henry con una risita. Como el equipo holandés, agrega.

Earl levanta la mirada humedeciendo el papel con la lengua.

—La Naranja Mecánica, ¿o no?

Holanda juega el fútbol más bonito, concuerdan los dos amigos, absolutamente. Tendrían que haber sido campeones del mundo por lo menos una vez. Earl da una profunda calada y me pasa el porro. Henry me mira con aire ensoñador.

—Soy un Morgan, ¿sabías?—dice.

Seguramente se refiere al pirata Henry Morgan. ¿Querrá decir que es descendiente suyo? Cualquiera que pase las páginas de la guía telefónica de Bluefields encuentra el apellido Morgan junto a otros famosos nombres de la historia de la navegación. Drake, por ejemplo. Los apellidos africanos no encajaban en la idea de civilización de los británicos. Los negros debían llevar verdaderos nombres. En la guía de teléfonos se encuentran también otros más modernos como Marilyn o Elvis. ¿Y qué decir de Alka-Seltzer, que rinde honores a un antiácido local? ¿O Yale, como la marca de llaves?

A Henry el pasado lo apasiona. Los primeros «brothers» llegaron aquí a comienzos del siglo XVII después de un naufragio, dice. Los miskitos son en realidad una mezcla de aquellos zambos con la población indígena. Los zambos-miskitos llegaron a ser el pueblo más poderoso de la Costa de Mosquitos. Sus dominios abarcaban desde Guatemala hasta Panamá. En esto le debían mucho a su alianza con los británicos, que en 1665 anexaron la Costa a su imperio como protectorado. Los miskitos probaron ser excelentes socios comerciales. Entregaban a los europeos un producto codiciado por ellos, la piel de tortuga, y a cambio recibían armas con las que lograron afianzar su dominio en la región y llegaron a dominar a más de otras veinte tribus. Por sus buenas relaciones con los ingleses los miskitos incluso se hicieron dueños de una nación: la Costa de Mosquitos se convirtió en el reino de la Mosquitia. Descendientes del primer rey zambo, Oldman, fueron llevados a Jamaica, Belice e incluso Londres a capacitarse en las refinadas artes de la realeza.

Perlas a los cerdos, en opinión del viajante Orlando Roberts. El escocés se quejaba del libertinaje en que vivían los miskitos. Su rey prestaba más atención al trago y las mujeres que a los asuntos de gobierno. Sus súbditos, descubrió Roberts, eran cualquier cosa menos nobles salvajes. Ladrones a más no poder, falsos y mentirosos, se habían enriquecido a costa de sus hermanos indígenas. Querían que los pueblos sometidos pagaran impuestos y vendían como esclavos a otros indios. Por otra parte, Roberts elogia la hospitalidad de los miskitos. Describe las innumerables recepciones que le dieron— animadas, como manda la cortesía, por el ron que él mismo regalaba—y que terminaban en largas bacanales.

—But them sambo's live up north—dice Henry, saliendo lentamente de sus ensueños para posar nuevamente su mirada en mí—. Here we're plain blacks.

Me parto de la risa. No tanto porque sus ojos estén inyectados de sangre sino por su color: azul intenso. Henry no entiende nada y abre exageradamente los ojos a modo de pregunta.

De pronto se ve mucho más joven. Lo veo de pie, un niño de unos ocho años, agarrado a la pata de palo de un hombre de barba rojiza y ojos azules. Están en un barco. Con el pie de la otra pierna el hombre levanta la tapa de un cofre de madera. El oro destella en los grandes ojos del pequeño Henry. Mira hacia arriba lleno de orgullo. El hombre le devuelve una carcajada codiciosa. Por encima de su cabeza flamea una bandera negra con una blanca calavera.

Cae la oscuridad y hay una fiesta. Los marineros saltan en torno a una fogata agarrando las faldas de mujeres morenas. A cierta distancia está el pequeño

Henry, perdido. Mira tristemente al hombre de barba rojiza. Ve cómo se retuerce entre los pechos de una morena y de vez en cuando vuelve la cabeza para empinarse una botella que le ofrece un hombre blanco que Henry no conoce. El pequeño Henry gira y entra en la oscuridad.

Reaparece entre los manglares de la costa. En la penumbra del amanecer deja ir la mirada sobre las aguas. Veo, de costado, sus sienes grises. Ahora Henry es un hombre mayor que hace señales de luz. Se oye un ruido ronco y poco después aparece una lancha a motor. Henry ve cómo unas sombras oscuras arrojan el paquete al agua. Luego, la lancha retrocede un poco, gira y desaparece. Después de dar unos arduos pasos hacia el paquete, Henry se detiene y escucha, tenso. Se oye nuevamente un ruido ronco. El viejo Henry sale apresuradamente del agua y se esconde entre los árboles de la orilla. Ve venir otra lancha, con figuras amenazadoras de uniforme azul en la cubierta. Suben el paquete a bordo. Henry se agazapa para evitar el rayo de luz del foco. Cuando oye rugir los motores se levanta nuevamente y ve un águila aterradora en el casco de la embarcación que al girar parece elevarse desde el agua.

A plena luz del día veo a Henry cabizbajo entrando por las grandes puertas de la iglesia blanca. Sus lentos pasos siguen el ritmo de las campanadas que llegan de las torres puntiagudas. Las puertas se cierran detrás de él.

Ahora está sentado, sigue sentado junto a mí, en el sofá.

—Bueno—digo—: ¡entonces tienes que ser más o menos Henry Morgan el Décimo!

—You got it!

Nos echamos a reír y nos damos la mano.

—Another smoke?—pregunta Earl.

—Sure.

Mientras hace el segundo porro Earl habla de sus clientes, que llegan a Bluefields desde todos los rincones de Nicaragua. Fumar marihuana es algo que no harían en casa, pero lejos del hogar no hay problema. Los «latinos» fuman tanto como los negros.

—Them Spaniards are fucking hypocrites.

Y no menos las autoridades. Si creyeras lo que dicen los periódicos, son implacables con el tráfico de drogas. Los decomisos de droga aparecen en los titulares y los traficantes son mostrados con nombres y apellidos. Pero entonces, se pregunta Earl, ¿cómo es posible que él mismo nunca haya estado preso? Salvo una vez, pero eso fue en Europa.

—Yeah, man, una vez estuve en Europa, hace diez años. En Hamburgo. Dicen que se parece mucho a Ámsterdam.

Deja de enrollar el porro para mirarme.

—Freedom, you know.

Chasquea despreciativamente la lengua.

—¿Libertad en Nicaragua? Mucha, si tienes dinero para pagarla. Y no eres negro, claro.

Su aventura en Europa no fue muy exitosa. Consiguió arreglar un viaje a Alemania, traficó algunos productos y terminó arrestado. Sin papeles. Pasó un par de meses en la cárcel y lo deportaron de vuelta a Nicaragua. Eso sí, el viaje le salió gratis. Los tres reímos a carcajadas.

—Aquí la policía está metida a fondo en el negocio—agrega Earl—. Te dejan en paz a cambio de la mercancía. ¿O crees que en Bluefields no saben quién soy? Pero nadie me hace nada. Unos hipócritas, estos latinos.

Después de una cuidadosa lamida al papel, cierra el porro y lo enciende.

—Los negros somos cool—dice después de darle una profunda calada—. Sencillamente fumamos lo que nos gusta. No problem.

De preferencia colombiana, como la de hoy. En Bluefields solo se fuma marihuana nicaragüense cuando el mar no trae nada, pero por el momento no es necesario. Hace dos semanas la policía y el ejército realizaron una importante operación y decomisaron una gran cantidad, pero otra igual de grande se perdió en el mar. Se calcula que unos seiscientos kilos. Buenos tiempos, por lo tanto. El único problema es que baja el precio. Tienes paquetes de dos kilos y medio, explica Earl, que cuestan cuatrocientas córdobas. A su vez él vende bolitas de más o menos un gramo por diez córdobas. Las cosas no andan tan mal en Bluefields. Earl aspira otra gran bocanada y le alarga el joint a Henry.

—Just be cool.

Henry se estira placenteramente en el sofá.

—Just be cool—afirma tosiendo mientras el humo escapa de su boca en cortos intervalos.

Antes era todavía mejor, dice Earl. Crecían hongos por todas partes. Ríe y agrega: te podías comer veinte, incluso treinta, y pasar todo el día volado.

—¿Te acuerdas Winston?—pregunta a Henry y cuenta la anécdota de un amigo que, atiborrado de hongos, salió a la calle desnudo a plena luz del día.

—Should have seen them latinos watching!

Henry cuenta la historia de otro amigo que estuvo parado en la calle, en un solo pie, durante veinticuatro horas.

—¡Como una garza!

Por aquí también hay floripondio, una planta alucinógena, continúa diciendo Earl. Se cuece en agua y se hace jugo. Esos sí que son viajes, man. Pero hay que tener cuidado. Si no se cuece con el cáliz hacia abajo es puro veneno. Uno de sus amigos quedó ciego, you know.

—It scared my guts—dice Earl, y comienza a reír inconteniblemente—. But it's good, man. See, that's why I say: if you don't die, you get high.

De regreso en la misión Osmany me pregunta si quiero acompañarlo al centro. Hay preocupación en su rostro. Extravió su peine. Ya es pasado mediodía y aún no ha podido arreglarse como corresponde. Le digo que de verdad se ve un poco desordenado, pero mis palabras no le causan ninguna gracia.

Vamos de una tienda a la otra. No es que no haya peines, pero Osmany los encuentra demasiado gruesos o demasiado finos o demasiado caros. Finalmente encuentra el instrumento de su agrado. Le pregunta a la tendera si hay un espejo. Ella trae uno, lo sostiene en alto y Osmany, con innegable pericia y sumo cuidado, pone su cabello en orden.

Aliviado, de buen ánimo, se me adelanta en salir a la calle y mira a su alrededor. No alcanza a ver al negro borracho que yace inerte en la calle y casi tropieza. Osmany se estremece. Me dice que debo tener cuidado. Son todos unos parásitos y unos ladrones. En lugar de trabajar beben hasta caerse muertos o fuman marihuana hasta ponerse ciegos.

A distancia prudente Osmany aminora el paso, se acaricia el pelo con una mano y saca su peine nuevo.

Cool-cat

El Lynx viene con tres días de retraso. Dicen que por ser Navidad. Es un barco enorme, sin duda, de unos cuarenta metros de eslora. A su lado el puerto de Bluefields parece diminuto. Esta bestia podría tragarse de un solo bocado al muelle entero.

Las camionetas entran y salen del muelle. Los estibadores trabajan en cadena: los sacos de cemento, harina y maíz pasan de mano en mano y desaparecen en la bodega. Las cajas de bebidas se amontonan en cubierta. Un grupo de diez hombres levanta la carrocería de un jeep hasta el castillo de proa. Gritos, risas, resoplidos, y el jeep queda en cubierta.

A las diez han terminado las labores de carga. Los pasajeros pueden subir a bordo. La partida tiene una hora de retraso, pero eso no preocupa a nadie. De los dos motores solamente funciona uno, lo que tampoco es tema por el momento. El viaje tomará el doble de lo normal y esto sí lo sentirán los débiles de estómago en alta mar.

Por la cubierta van y vienen hombrecitos ocupados en tareas inexactas, hacen preguntas y responden, parecen exhaustos de no se sabe qué. En el compartimento de pasajeros se enciende el video. Una bicicleta alcanza todavía a ser subida.

Si bien este puerto no hace pensar en el inicio de un viaje alrededor del mundo, partir es partir, también en Bluefields. Los que se quedan instan a los que se van a que se cuiden. Los que se van tranquilizan a los que se quedan. La pasarela ha sido recogida, en el muelle dos hombres sueltan las amarras. Suena la sirena. El agua se arremolina. Los pañuelos blancos se agitan entre los gritos de despedida. Un último buen consejo, ¿no olvidaste nada?, los saludos especiales, todo queda finalmente sobrepasado por el potente rugido del motor. Alguien lanza un beso al aire. La bestia se aparta del muelle. ¿Se huele ya el aire marino?

No. Primero tenemos que cruzar la laguna. El Lynx ancla brevemente en El Bluff para recibir más carga. Luego atravesamos una estrecha desembocadura donde el flujo de la laguna choca con el rompiente. Violentas olas se estrellan en las rocas. El Lynx avanza entre ellas como el filo de un cuchillo. La marea se convierte en un suave oleaje y la costa se va angostando hasta convertirse en una delgada línea. Navegamos por el mar Caribe.

—¿Solo o con tus pensamientos?—pregunta la chica.

Yo había estado mirando con disimulo sus rizos oscuros que caen sobre sus hombros y su vestido negro con florcitas rojas. ¿Cuánto tiempo había estado aquí en cubierta, a pocos pasos de mí? ¿Media hora, una hora? ¿Decirle que soy tímido? Ella no me lo creería.

—Pensando—respondo.

La chica me mira con picardía. Parece tener una idea de lo que estoy pensando, pero calla. Se llama Genoveva, tiene diecisiete años y está disfrutando de un par de días de vacaciones con una amiga. Sus padres creen que está en León con su abuela.

—¿Y tu abuela?

—Ella no dirá nada—responde con la firmeza de alguien que se las sabe todas.

Luego me habla de su novio, Matías, que es alemán y tiene treinta años. Se casarán el año que viene.

Gira la cabeza contra el viento y mira la extensión del mar. La marejada se ha convertido en verdadero oleaje marino. Las poderosas olas se dirigen calmadamente hacia la costa. Cuando el Lynx desciende por una ola de varios metros y golpea en el fondo tenemos que agarrarnos firme para no caer. Ambos quedamos empapados con el agua que ha saltado de la proa.

—¿Asustada?

Genoveva mueve despectivamente la cabeza. Tengo frío y le propongo que entremos. Responde que se va a quedar otro rato.

En el compartimento de pasajeros el movimiento de la nave se siente más que en cubierta. Algunas damas vomitan asomadas por los ojos de buey. Tomo asiento junto a una morena. Parece dormida, pero cuando me acomodo a su lado abre los ojos y sonríe. Intercambiamos frases de cortesía. Solo alcanzo a entender su nombre y de dónde viene, Jessica de Bluefields. Cierra los ojos nuevamente. Yo mismo intento dormir pero un repentino mareo me obliga a salir.

En el puente me detiene el capitán. Un hombre de pocas palabras. El lobo de mar se pone una mano sobre los ojos y con la otra señala a lo lejos.

—Corn Island.

No veo nada, aunque me ponga la mano de visera, tampoco cuando subo al puente de mando. De cualquier modo, hacia allá está la isla, a setenta kilómetros de la costa de Bluefields. La mismísima perla del Caribe de Nicaragua.

—¿Cuánto queda de viaje?

—Dos horas—responde el capitán.

Me encamino hacia el castillo de proa. Genoveva ha desaparecido.

—Corn Island—le digo a una parejita que está acodada en la barandilla y les señalo la dirección que me indicó el lobo de mar.

—¿Dónde?

—Por allá, en alguna parte. Me lo dijo el capitán.

Ellos han estado a menudo en la isla, cuenta Sharon. Nada raro ya que los dos son originarios de Bluefields. Sin embargo Alan vive hace veintinueve años en Washington, pero le gustaría mucho regresar. Por Sharon, pienso yo, que se quedó a vivir en Bluefields.

A las cuatro y media el Lynx llega a Corn Island por la bahía de South West. Al otro lado el mar Caribe estará golpeando la costa, pero aquí, al resguardo de la isla, reina la calma. La cristalina superficie del agua refleja el rojo anaranjado de la puesta de sol. El Lynx atraca en un muelle de concreto, desde donde se extiende una playa de arenas blancas con cocoteros. Corn Island Beach, I suppose.

Alan y Sharon se despiden mientras desembarcamos. Hace un rato divisé a Jessica pero no la encuentro entre la gente que desciende del barco. Salgo del muelle con Genoveva y su amiga, en busca de un lugar donde dormir. Alguien les habló de la Pensión Morales, que debería estar cerca.

Es una casa limpia, con ventilador en cada habitación. Quedan dos libres, una para las chicas y otra para mí. Cuando poco más tarde salimos a comer está totalmente oscuro. La amiga de Genoveva lleva una linterna con la que arranca sombras a la oscuridad, sombras que en el círculo de luz se convierten en rostros y que nos indican la dirección del centro del pueblo.

En el restaurante La Rotonda sirven langosta. Ordenamos también cervezas, que resultan costar el doble que en tierra firme. Lo que pasa es que hay que traerlas en avión de Managua, explica el camarero, lo mismo que la mayoría de los alimentos y otros productos de primera necesidad. Corn Island es muy cara. Genoveva y su amiga calcularon mal los precios y deciden de inmediato que mañana tomarán el Lynx de regreso.

Después de comer damos un paseo por la arenosa calle principal. Nos acompaña Wolfgang, un amable y simplón estudiante de Salzburgo que conocimos en el restaurante. La calle principal se ensancha hasta formar una plaza circular donde la gente se congrega a la luz de bujías que cuelgan en guirnaldas atadas a los postes.

Pasamos bajo un arco vivamente iluminado para entrar en una disco. Junto a la entrada hay un refrigerador con cervezas y gaseosas. El bar. Hay que bajar una corta escalera para llegar a un patio interior cubierto donde se baila en medio de mesas de plástico blanco con sillas alrededor. La música está a todo volumen. El DJ pone algo de música sentimental latina y de reggae, pero sobre todo soca, la música de la Nicaragua caribeña. Veloces ritmos africanos y viva percusión, alternados con alegres bronces y gemidos de órgano eléctrico. Las morenas sacuden los hombros y mueven las caderas.

Genoveva se sienta junto a Wolfgang y de inmediato comienza a hablar con él. Supongo que el tema será su Matías. Le pregunto si quiere bailar, me rechaza moviendo la cabeza. Intento conversar con su amiga pero el diálogo languidece rápidamente.

De repente la veo. También ella me ha visto y viene hacia mí. Ángel de mi salvación, vestida de blanco brillante.

Jessica. Le ofrezco asiento. Con el rabillo del ojo veo que Genoveva nos observa. Titubea en su conversación con Wolfgang. Éste nos mira alternativamente, a Genoveva y a mí. Jessica ha tomado asiento y se inclina para hacerse escuchar.

—I can go with you tonight—dice.

Lanzo una risotada. Por la sencillez de su proposición. Y para disimular mi timidez.

—Sure—respondo con fingida seguridad.

Me da un apretón en la pierna y pregunta si vamos a bailar.

—Sure.

En la pista de baile me presenta a su amiga Nancy, una belleza despampanante. No puedo quitar los ojos de ella y Jessica me pregunta si la encuentro bonita.

—Es muy linda—admito—, pero tú me gustas más.

Terminada la canción nos acercamos al refrigerador en busca de unas cervezas. De regreso a nuestra mesa, Genoveva y su amiga se ponen de pie. Dicen que se van. Hay demasiado ruido. Wolfgang parte con ellas.

—¿Tus amigos?—pregunta Jessica, mientras se dirigen a la salida.

—Los conocí en el barco.

Una vez terminada su cerveza, Jessica también quiere irse. A la salida están todavía Genoveva y su amiga, al parecer esperándonos. Wolfgang se ha ido a dormir porque su avión sale mañana temprano. Caminamos los cuatro hacia la oscuridad, las bujías de la plaza están apagadas. Las dos amigas caminan adelante cuchicheando, Jessica y yo las seguimos a unos metros de distancia. En la claridad que llega de la discoteca veo que Genoveva se da media vuelta. Dice que debo tener cuidado con las enfermedades. Jessica se encoge de hombros.

—Cuidado—dice todavía Genoveva, cuando llegamos a la pensión.

Jessica y yo subimos en silencio los tres peldaños de la escalera hacia el interior. Después de acomodarse en la cama Jessica chasquea la lengua dando su aprobación. Nada de mal. Mosquitero, ventilador, pero igual tiene un poco de calor. Bajo su vestido blanco aparece un cuerpo cubierto de cicatrices. Peleas, me explica.

—Antes yo era muy agresiva pero ya no, ahorita soy tranquila—ríe con ganas—. ¡Así que no te preocupes!

Jessica tiene veintidós años. Hace diez años murió su madre, según ella a causa de brujerías. Hasta los quince vivió con su abuela, pero eso no podía durar porque su abuela era una mujer muy desagradable. Entonces decidió salir a buscarse la vida. Conoció a un traficante nicaragüense con quien recorrió la costa caribe de Costa Rica. Vivieron un buen tiempo en Limón.

—Limón is cool, man. Toda la marihuana que quieras.

Trae consigo un poco. Fumamos.

El traficante era cada día más posesivo—sigue contando—, así que lo abandonó. En la capital, San José, encontró refugio en la casa de una mujer que estaba dispuesta a cuidar de ella, hasta que apareció un costarricense con el que vino a parar nuevamente a Nicaragua porque él andaba huyendo de la justicia de su país. Lo llevó a Bluefields y tuvieron un hijo. Su segundo hijo es de un norteamericano que comerciaba con animales tropicales. Quería llevársela a Estados Unidos, pero cambió de idea cuando la vio embarazada. Y hasta hace poco andaba con unos pescadores colombianos, con los que se divertía mucho.

—They called me a cool-cat.

Su diente se rompió en esa época. Con el índice derecho se acaricia el incisivo izquierdo partido por la mitad. Un accidente. Había bebido mucho y cayó de bruces. Le pregunto por los pescadores. ¿Son los mismos colombianos que según un diario local fueron detenidos por pescar ilegalmente en aguas nicaragüenses? Dice que no lo sabe, sin entrar en detalles.

Le pregunto por sus hijos. Al parecer viven con su abuela. Jessica vive en la casa de una amiga de su madre. ¿Y este viaje? Dice que ha venido a la isla a ver a unos amigos.

—¿Nada más?

—De verdad que no.

Jessica se mantiene lo más alejada que puede del microtráfico en Bluefields. Te detienen, la policía te presiona, se termina delatando a otros, luego viene la venganza. Nunca falta un encargo que hacer en el cruce, eso sí, pero prefiere mantenerse lo más lejos posible de todo eso.

—Me is a coward for that.

Nos levantamos cuando la habitación se ha convertido en un horno por el sol que cae sobre el tejado de hojalata. Genoveva y su amiga partieron temprano. Jessica y yo vamos a visitar a sus amigos. El primero es Manuel, un miskito de Prinzapolka, con quien converso sobre los años de la guerra. La revolución causó mucho rencor entre los miskitos, dice. En la cercanía de Honduras fueron evacuados en masa. El ejército sandinista adujo razones de seguridad, dado que la Contra estaba justo al otro lado de la frontera, pero muchos miskitos pensaban que en realidad los sandinistas querían quedarse con sus tierras. Por eso muchos se pasaron a la Contra.

El ejército reprimió con gran violencia a los miskitos que no querían partir, cuenta Manuel. A muchos los ataron por las muñecas bajo los helicópteros y luego los soltaban a gran altura sobre la selva. Él mismo tuvo que huir a Honduras, donde recibió entrenamiento militar antes de regresar a Prinzapolka y participar en la resistencia sembrando minas, cometiendo robos y atentados.

El conflicto con los miskitos se convirtió en la gran deshonra del gobierno revolucionario. Se hablaba de doscientos cincuenta mil evacuados. Una fotografía de cadáveres carbonizados de miskitos recorrió el mundo entero. Los simpatizantes de la revolución no sabían cómo enfrentar las presuntas violaciones de los derechos humanos y las acusaciones de genocidio. A su vez estas noticias alentaban la causa de los opositores del régimen. Mientras más cautela ponía la izquierda, más exageradas eran las calumnias de la derecha. En realidad la foto mostraba víctimas de la Guardia Nacional de Somoza. Y hablar de doscientos cincuenta mil refugiados, cuando en realidad la población total de miskitos era inferior a los cien mil, era sin duda un despropósito.

En el curso de los años ochenta la violencia disminuyó. El gobierno sandinista escuchó el llamado de los grupos étnicos de la Costa y les otorgó mayor autonomía regional. De cualquier modo, Manuel prefiere no saber nada de los sandinistas.

—Sandinistas hijos de puta—concluye Jessica.

Tenemos que irnos, Nancy nos espera en la playa. Sigo a Jessica hasta Brik Bay, una pequeña bahía de arenas muy blancas donde la madre de Nancy administra un bar. Después de nadar las señoritas quieren que les tome una foto. Nancy posa como una verdadera modelo: con las rodillas bajo la superficie azul del agua, se pone una mano detrás de la cabeza y curva graciosamente la espalda. Anda en busca de un hombre, dice. Aquí en la isla no hay nada que valga la pena, quizás con la foto yo podría encontrarle un par de candidatos. El elegido debe tener por lo menos treinta años y ser una persona seria. No necesariamente rico, pero con trabajo fijo, y que no beba. Se echa a reír con picardía:

—Dile que lo voy cuidar muy bien.

Escribe su nombre y dirección en el reverso de mi mapa de la isla. Nancy Wilson Terry. Tiene diecinueve años y es una belleza. Por su parte Jessica escribe su dirección en Bluefields. Para que le envíe la foto y por si alguna vez vuelvo por aquí.

Luego las damas tienen que seguir adelante, les queda por hacer algunas visitas. Entiendo que a partir de aquí sobra mi compañía. Jessica dice que me pasará a buscar a la pensión a las seis. Mientras Nancy se aleja, demora a mi lado. Se trata de sus hijos, dice. Necesitan medicinas, pero ella no tiene dinero. Le pregunto si cincuenta córdobas son suficientes. Toma el dinero y alcanza a su amiga.

Regreso a la bahía de South West sin apuro, caminando junto a la pista de aterrizaje del aeropuerto. Es una larga faja de pavimento que cubre casi totalmente el ancho de la isla, en mucho mejor condición que el camino paralelo, polvoriento y lleno de baches. A juzgar por los despreocupados transeúntes, las bicicletas y algunos automovilistas que transitan por la pista, por el momento no se espera el aterrizaje de ningún avión.

Junto al muelle bajo a la playa, extensa, blanca y casi desierta.

Hay un solo restaurante. Aparte de una familia que come sentada a la sombra de una palmera, soy el único cliente. Me llama la atención la cercanía de dos tipos fornidos que no quitan los ojos del grupo familiar y de vez en cuando sacan walkie-talkies. Entonces me doy cuenta de que a Corn Island han llegado visitas de importancia: el padre de familia es el presidente de Costa Rica.

Hace una seña a sus guardaespaldas. Se acercan rápidamente, se inclinan para escuchar atentamente lo que dice, asienten y comienzan a hablar por sus walkie-talkies. Poco después llega un jeep con policías. Los cuatro miembros de la familia se levantan al mismo tiempo. El presidente se despide afectuosamente del dueño del restaurante. Es probable que le esté diciendo que la langosta estaba exquisita. El grupo se encamina hacia el jeep. Los guardaespaldas consultan con los policías. Hay un momento de espera. Me levanto y camino hacia ellos, con la mano estirada, un poco nervioso, y me presento al mandatario. Dice que con mucho gusto me concedería una entrevista, solo que su avión está a punto de partir. Lo esperan mañana en Guatemala. ¿Pero por qué no paso a verlo alguna vez a San José? Seré muy bienvenido. Nos damos la mano. Los guardaespaldas me miran con desagrado mientras su jefe y su familia suben al jeep que parte de inmediato.

Regreso a la pensión caminando a la sombra de las palmeras. El sol de la tarde todavía pega fuerte. Una ligera brisa murmura entre las hojas y hace ondear reflejos dorados en el agua. Suena el rugido de un motor, se aleja y luego vuelve a oírse claramente hasta que aparece un pequeño avión en el aire. Lo miro con la mano sobre los ojos hasta que se convierte en un punto negro que desaparece en el resplandor del sol. Hoy es 28 de diciembre. Mañana se firma en Guatemala un acuerdo entre el gobierno y la guerrilla, que pondrá fin a la guerra civil más larga que ha conocido América Central. A esto se refería el presidente.

A la mañana siguiente el rumor que corre por Corn Island es que el barco está por llegar. ¿Vas a ir a mirar? Viene el barco. Supongo que se trata del Lynx, pero me equivoco. Es un ejemplar mucho más grande, un crucero. Se dice que anclará a las once en la bahía de South West. Bajo a la playa y veo que la isla se prepara para una gran recepción. Cerca del restaurante han aparecido quioscos con techos de hojas de palmeras, llenos de chucherías para los turistas. Camisetas y gorros con *I love Corn Island*, conchas, cadenitas, casetes de música soca. El crucero viene a la isla como mucho una vez al mes y no hay que perder la oportunidad. Los pasajeros traen dólares.

Cerca de los quioscos hay instalados un par de bongós, dos guitarras eléctricas y un órgano eléctrico. Los músicos dan vueltas alrededor. Uno da un redoble, otro hace sonar una cuerda, el tercero le saca una melodía al órgano. Un transeúnte ensaya unos tímidos pasos de baile.

Cada vez llega más público y es evidente que toda la gente de importancia de Corn Island quiere participar. A la izquierda del restaurante, en una larga fila de sillas, toman asiento damas negras muy arregladas, con vestidos floreados y sombreros de ala ancha. Sus maridos, la mayoría en traje dominguero, esperan de pie detrás de ellas. Delante del restaurante, chicas con faldas cortas y flores en el pelo ensayan la ceremonia de bienvenida, en doble fila por la arena hasta la línea de playa. La chica más linda, del brazo de un niño igual de hermoso, camina entre las filas con un ramo de flores en sus manos, que supongo será ofrecido al capitán.

Nancy sale del restaurante y se me acerca.

—Jessica está adentro—dice.

—¿Y por qué no sale?

Aparece al poco rato. Le pregunto qué le pasó ayer que no vino a buscarme.

—Estuvimos donde la mamá de Nancy. En el bar, ¿entiendes? Bebí demasiado.

Dice que lo siente.

—¿No quieres venir a sentarte con nosotras?

—Quizás más tarde—respondo.

Mientras Jessica regresa al restaurante el cantante pide silencio. No falta mucho para que llegue el barco, dice. A nombre de toda la población de la isla le pide a toda la población de la isla que reciba a los visitantes con los brazos abiertos y los trate bien. No molestar a nadie, no entrometerse con nadie, no robar.

—Remember: this is for the benefit of our community— termina diciendo entre fuertes aplausos.

Luego le indica al grupo musical que inicie y el soca se extiende por la playa. Los músicos ríen entre ellos. Se oyen gritos y batir de palmas. Todo el mundo se deja llevar por el ritmo.

—¡Ahí está!—exclama una voz.

El grupo baja el volumen de la música. Las mujeres se levantan de sus asientos. Veo a Jessica que camina hacia el agua y mira, igual que todos, en dirección a Rocking Chair, la montaña rocosa que separa la bahía del mar abierto. Rocking Chair es una verdadera montaña, pero el crucero asoma por detrás como si viniera doblando una esquina. Inmenso e imponente. Avanza un poco todavía y ancla a unos centenares de metros de la costa. Durante un largo rato no sucede nada. Jessica entra al restaurante. Las mujeres vuelven a sentarse.

Finalmente, a lo lejos, se ve que bajan un bote al agua. Avanza lentamente y cuando está cerca de la costa un tripulante echa el ancla. Varias pequeñas lanchas navegan en su dirección. En cuanto una de ellas llega a su costado un puñado de pasajeros transborda del bote y es conducido a la playa. Allí son bajados uno por uno a tierra. Estadounidenses, alemanes, ¿canadienses? Los caballeros pálidos, barrigones, parecen todos iguales en sus trajes blanco azul de marinero. También es difícil diferenciar a las damas de mejillas caídas y arrugadas, una mano sujetando el gorro flácido, la otra en el hombro de los maridos. Ríen como colegialas. How exciting!

A través del lente de sus ronroneantes aparatos de video y de sus cámaras fotográficas estas damas y caballeros ven una hilera jovencitas negras con faldas cortas y flores en el pelo. Ven negros con trajes pasados de moda, parados detrás de mujeres que llevan faldas floreadas y sombreros alones. Ven también— no acercarse, no molestar, no robar—niños y niñas de pantalones caídos y camisetas agujereadas. Jessica está apoyada en la puerta de entrada del restaurante y mira a los gringos que señalan hacia la parejita principesca, ella con su bouquet de flores en la mano. How cute!

Pero la diversión no dura mucho. Una vez que han hecho suficientes fotos y lo han filmado todo, los turistas miran alrededor aburridos. Una isla más. Los mismos quioscos y las mismas baratijas. La gente emperifollada. La música. ¿A qué tanta bulla? Echan a caminar por la orilla del agua. La niña del bouquet de flores los mira alejarse y deja caer la mano que sujeta las flores. El chico que la acompañaba ha desaparecido. No desembarcará ningún capitán. Los visitantes vagabundean por la playa hasta llegar a la zona vacía. He caminado con ellos porque dentro de un rato sale mi avión a Managua. Ellos extienden sus toallas y se dejan caer, resoplando.

En el bar del aeropuerto me encuentro con Alan y Sharon que me saludan efusivamente. Me ofrecen un trago de despedida. Se quedarán un par de días más. Sharon está segura de que regresaré. Es imposible que alguien que haya estado en Corn Island no vuelva. Le pregunto a Alan cuándo piensa irse a vivir nuevamente a Bluefields. De preferencia ahora mismo, responde, pero no conviene apurarse.

—Esperemos que la paz sea duradera y que nuestro país madure.

Sharon dice que ojalá esta región reciba finalmente la atención que merece. Como habitante de la Costa sabe lo que es la arrogancia del Pacífico. Alan entiende porqué algunos consideran que la autonomía regional no es suficiente. Cuando el gobierno no hace lo que promete llega el momento de manejar tus asuntos por tu cuenta. Sin embargo, Sharon no cree en la independencia de la Costa.

—Estamos condenados al Pacífico—dice.

—Y ellos a nosotros—agrega Alan.

Cuando ya estoy en mi asiento del avión, con el cinturón de seguridad abrochado, veo venir a Alan corriendo por la pista de aterrizaje. El giro de las rugientes hélices le agita el cabello. Sostiene en alto unas gafas de sol. Le hago señas de que no son mías. Nos decimos adiós con las manos. El avión toma velocidad en dirección al mar Caribe. Sobre el mar el piloto da un giro de ciento ochenta grados y toma rumbo hacia el continente, pasando por encima de la isla. Abajo distingo la pista de aterrizaje. Alan ha desaparecido. Puesto el asunto de la Costa a escala mundial, según él, la solución de los problemas globales está en la mezcla racial; cuando desaparezcan las razas puras nadie podrá sentirse superior a nadie.

Los turistas del crucero echados en la playa semejan pastelitos dispersos por la arena. Espero que en las pausas de sus baños de sol tengan fuerzas para comprar todas las baratijas, comerse todas las langostas y beberse toda la cerveza que les ofrezcan. For the benefit of the community.

¿Y Jessica? Quizás cuando escuchó el rugido de los motores bajó a la playa y esté mirando el avión con una mano sobre los ojos hasta que se convierta en un punto negro que desaparece en el resplandor del sol.

MANAGUA

La Magdalena II

Cerca del mediodía doña Aura sube la corta escalera hasta el corredor. Se apoya en la baranda para recuperar el aliento. No había estado en la finca desde que sufrió una caída, hace más de un mes. Pero hoy tenía que venir. Ya no tiene la mano hinchada pero le sigue doliendo.

—¿Y qué dice el doctor?

Me mira espantada. ¡Ella no va al médico!

—Solo imaginar que me hacen un tajo...

Le pregunto cómo estuvo la Semana Santa. Dice que tranquila. No pasó nada, como corresponde.

—Fueron días muy bonitos con Jesús.

Aura trabaja desde muy joven en la Magdalena. En los tiempos de la familia Velázquez había mucho movimiento. Hicieron un camino de piedras hasta Balgüe, para que pudieran bajar los carros con el café. En el patio quedan todavía algunos adoquines de ese camino.

—¿Y qué pasó con el resto?

Aura me mira sorprendida.

—¿Con nadie que los cuidara?

Los Velázquez eran gente honrada, sigue diciendo, aunque no pagaban muy bien, dos o tres pesos por día. Claro que en ese tiempo una libra de arroz costaba ochenta centavos. La familia vivía en el piso de arriba. En la habitación donde estoy alojado la señora tenía una tienda. Le decían «la rata», ríe Aura. Y donde hoy están los dormitorios comunes se almacenaban naranjas. Ya no quedan porque los Baltodano dejaron que los naranjos se secaran. Llegaron a fines de los años sesenta, cuando los Velázquez ya no pudieron afrontar sus deudas.

Después de la revolución de 1979 los Baltodano huyeron a Estados Unidos y dejaron superintendentes encargados de descapitalizar la empresa. Vendieron el ganado, el mobiliario, las máquinas. La confiscación debe haber tenido lugar a comienzos de los años ochenta.

—Pero los sandinistas solo confiscaban lo que era de Somoza, ¿no?

—Sí claro—responde Aura—, pero los Baltodano eran Somoza en miniatura. Incluso corrían rumores de un casamiento con un hijo de Somoza.

Señala el terreno ante la entrada de la finca; ahí aterrizaba el helicóptero de Somoza. Entonces la Magdalena se llenaba de guardias.

—Los Baltodano nos metieron juicio—dice Aura—, quieren la finca de vuelta. Pero nos vamos a defender.

—¿Y cómo? ¿Con armas?

—No—ríe—, con papeles.

Entramos al almacén. Aura se sienta a su mesa. Ella entiende que Yadira quiera emigrar a Costa Rica. Su propia hija trabaja allá desde hace dos años. La familia a la que sirve la trata como si fuera una hija. Come con ellos en la misma mesa, tiene su propia habitación con ducha, baño y televisión, y solamente tiene que cocinar una vez al día. Gana, al cambio, mil seiscientas córdobas. Hay que ver lo que pasa aquí. Hace poco en un negocio buscaban un ayudante, ¡por cinco córdobas al día! ¿Quién va a hacer eso? El problema es el país, opina Aura. Si la gente no cambia de actitud será imposible salir adelante. ¿Quién se preocupa por los campesinos? Para ellos cada día es una batalla por la sobrevivencia.

Aura también vivió afuera cuando joven, dos años en Granada y dos en Managua. Antes del terremoto la capital era una ciudad preciosa, pero ya entonces se oían rumores de una inminente guerra y prefirió regresar. Se rasca la mano. Este año no podrá hacer mucho en el pedacito de tierra que le corresponde de la plantación. Luego ordena sus papeles y dice que en cualquier caso prefiere estar aquí, llevando las cuentas y vendiendo bebidas. Pero, de ser necesario, volverá al campo. Las mujeres saben trabajar lo mismo que los hombres.

—Lo único es que no tenemos tanta fuerza con el machete.

Aura ya no necesita un hombre. Un año después del nacimiento de su último hijo, Mauricio, lo echó de la casa. Hay muchas madres solas en Balgüe, le digo. Me responde con una mirada pícara.

—¿Solas? Es que vos solamente las ves de día.

¿Ella? Ella pasa también las noches sola. Pero no se queja. ¿Por qué habría de hacerlo?

—Soy una criatura del Señor.

La fe en Dios está primero. ¿No dice acaso la Biblia que su Hijo vino a la tierra para salvarnos?

—¿Y la finca?—pregunto—. ¿No están ustedes agradecidos con el Señor por la Magdalena?

—Pero, si esta tierra no es nuestra.

—¿Por qué no?

—¿Y si nos la quitan?

—Pero ahora esta tierra es de ustedes, ¿no?

Aura me mira y sonríe cariñosamente.

—Sí, pero nunca se sabe.

Calla, pensativa.

—Mirá la cosecha de café de este año. Estamos en abril. Vos estabas aquí en enero, cuando todas las mujeres llegaron a la finca para la recogida. En febrero estábamos listos, pero el café todavía no se vende.

Yadira entra al almacén. Nos cuenta lo ocupada que estuvo en Semana Santa. Había por lo menos treinta personas. Agotador. Pero, dentro de dos semanas termina todo y partirá.

—¿Te vas directo a Costa Rica?—le pregunto.

—No, primero los dientes.

El tratamiento estará completo a comienzos de mayo. Son cuatro, más dos coronas, en total seiscientas córdobas.

—Por esa plata a nosotros no nos arreglan ni siquiera un diente—le digo.

—Sí, pero ustedes tampoco ganan cuatrocientos cincuenta córdobas al mes.

No me atrevo a preguntarle si está ahorrando desde enero y por lo tanto ha vivido todo este tiempo sin dientes.

—¿Y los campesinos? ¿Dónde están?

—En sus casas. Se tomaron libre la Semana Santa. Mañana es el primer día de trabajo.

Yadira duda que lleguen todos. Están ocupados en sus propias tierras. Para la cooperativa les queda poco tiempo. Felizmente el turismo anda bien: mientras no se venda el café por lo menos hay otros ingresos. Prácticamente cada centavo que entra por el turismo se gasta en la agricultura.

—Como si no tuviéramos que hacer compras— suspira Yadira.

Por la puerta veo llegar a una mujer con un balde de plástico azul sobre la cabeza. Deja cuidadosamente el balde sobre la mesa, se sienta y seca el sudor de su frente con un pañuelo. Viene día por medio, dice doña Aura, de

Las Cuchillas, una aldea a una hora de camino. Después de aquí sigue hasta Balgüe y de vuelta a su aldea.

—Traigo huevos, niña, ¿querés?—le pregunta a Yadira, que ha ido a pararse en la entrada.

Yadira les da una mirada y los compra todos.

—¿Y plátanos?—pregunta la mujer.

Yadira responde que no. Ha comprado la vez pasada y le quedan suficientes.

La mujer se seca nuevamente el sudor de la frente, acomoda el pañuelo sobre su cabeza y pone arriba el balde. Dice adiós mientras se levanta. Baja con cuidado la escalera hacia la salida y toma el sendero que lleva a Balgüe.

—¿Por qué compran plátanos?—pregunto a Yadira cuando la mujer ha desaparecido en la distancia—. Aquí cada campesino los cultiva, ¿no?

—La cosecha propia es para cada uno—me responde—, no para la cooperativa.

Los campesinos cultivan de todo: plátanos, arroz, frijoles—sigue diciendo—, pero no de manera cooperativa, desde hace muchos años. Antes el almacén estaba siempre lleno y los campesinos se dividían la cosecha. Además la cooperativa ha perdido muchas tierras. De las mil doscientas manzanas iniciales solo quedan quinientas, y en su mayor parte son para uso privado.

—Podrían ofrecer los productos a los turistas—sugiero—, eso haría una diferencia en las compras.

—Sí—aprueba Yadira—, pero nadie tiene ganas de hacerlo.

Juan recupera el aliento después de la subida desde Balgüe. Con Blanca pasó la Semana Santa en casa de la madre de Blanca, en la playa. Se pasa un peine por el pelo y dice que en realidad las vacaciones fueron demasiado largas. Una finca no debe quedar abandonada más de un par de días.

—Cuidado—digo para molestar—, mira que después no aparece ningún campesino.

—Tienen que venir—responde—. Hoy es la asamblea general.

Juan no oculta su descontento.

—Mirá ese techo—señala hacia arriba—, parece un colador. ¿Creés que alguien ha movido un dedo?

Me mira con gesto de preocupación.

—¿Sabés lo que pasa? Por aquí hay demasiada gente acostumbrada a recibir órdenes. Hacé esto, hacé aquello.

En la Magdalena hay mucha tierra y muy buena, agrega Juan, para pasar hambre tendrías que ser un idiota. Pero la gente no valora su tierra. Piensan, «hoy tengo para comer» y ya está. Una y otra vez cometen los mismos errores.

—Siempre lo hemos hecho así, te dicen, ¿por qué tendríamos que hacerlo de otra manera?

—Pero muchos de ustedes todavía recuerdan cómo era antes—le digo—, con los Baltodano.

—La mayoría se acuerda. Eso sí que era explotación. Trabajabas ocho horas y te pagaban cuatro.

Se echa a reír.

—Ahora es al revés: trabajamos cuatro horas y nos pagamos como si hubieran sido ocho.

A Juan no le sorprende que Yadira se vaya. Se mata trabajando, a veces hasta las once de la noche. ¿Y cuánto gana?

La gente no se estimula entre sí. Al contrario. Si uno se esfuerza, en lugar de hacer lo mismo, dicen que les estás robando. Quizás podría hacer algo por su cuenta, reflexiona Juan, la ganadería por ejemplo: no requiere demasiada inversión y se gana bien. ¿Irse? Jamás. Él no dejaría abandonados a sus compañeros.

A las tres de la tarde Feliciano pide a los miembros de la cooperativa que se acerquen. Todos están presentes. El grupo sube por las escaleras. La asamblea tendrá lugar en el desván. Cuando alrededor de las cinco paso por debajo escucho que todavía están reunidos. Uno de los hombres me hace una señal desde arriba. Están sentados en semicírculo ante la mesa del presidente Feliciano. Bernabé está leyendo una carta de un miembro extranjero de la cooperativa, en la que los felicita por la buena cosecha de café.

Bernabé tiene además noticias. Se quita los lentes y mira a la concurrencia con satisfacción:

—El transporte está arreglado—dice—, el café ya podrá ser enviado.

Hay murmullos de aprobación, se escuchan risas, los hombres intercambian apretones de mano. ¡Finalmente!

—Me gustaría que siguiéramos adelante—dice Feliciano al poco rato, y espera a que vuelva el silencio.

Primero muestra una radiante sonrisa, que no parece de corazón. Luego, mirando seriamente hacia el suelo, anuncia su decisión de renunciar a la presidencia. El nuevo presidente, Félix, está a su lado. Como cierre de la asamblea Feliciano quiere traspasarle el mando de la cooperativa. Primero toma el libro de actas y se lo entrega, luego hace lo mismo con el libro de la contabilidad, el acta de fundación y el acta de traspaso. Feliciano mantiene un último documento en alto.

—Éste es el título de propiedad—dice—. Antes de entregarlo los invito a todos a que le den una mirada.

Deja el documento sobre la mesa.

Cuatro miembros se levantan, dan una rápida mirada al papel y vuelven a sus sillas. Entonces Feliciano lo desliza hacia Félix.

—Y finalmente hago entrega de Sandino—dice mostrando una efigie del General de Hombres Libres.

—¡Viva Sandino!

—Pero si este murió hace mucho—bromea alguien.

—Sigue vivo en nuestros corazones—responde otro en voz baja.

Al día siguiente llegan los sacos de yute. Ahora los granos de café serán traspasados de los paquetes de plástico naranja a los sacos, que llevarán escrito «Premium Organic Coffee, produced by cooperative Carlos Díaz Cajina, Island of Ometepe, Nicaragua». Encima del texto irá el logo de la finca Magdalena. Se necesitan noventa y seis sacos para el transporte de la cosecha, cerca de siete mil kilos en total.

Bernabé viene a sentarse a mi lado en el corredor. Ha estado varios días en Granada arreglando el transporte. El embarque se hará con dos meses de retraso, lo que no es poco, pero el asunto está arreglado y de eso se trata. La cooperativa siempre ha enfrentado dificultades. La primera fue la división de las tierras. Al principio la cooperativa era mucho más grande, pero se vino abajo porque muchos miembros no estuvieron de acuerdo con la explotación colectiva. Lo cierto es que en los primeros años la situación era favorable para la agricultura. Los bancos entregaban créditos blandos y se recibía apoyo técnico. Hoy en día las señales apuntan al libre mercado. Los nuevos créditos salen más caros y los antiguos han sido revaluados. Hubo un año en que la deuda de la Magdalena se triplicó de golpe. Claro, considerando que los campesinos no tenían la más mínima idea de administración de empresas, no es nada raro que la cooperativa haya pasado por períodos de turbulencia.

—Éramos simples peones—dice Bernabé—. No estábamos preparados para manejar un negocio.

Bernabé sí cree en la organización colectiva. La unión hace la fuerza. Pero la unión es al mismo tiempo una debilidad. A fin de cuentas no todos somos iguales. ¿Cómo hacer entonces para que todos avancen en una misma dirección? En cualquier caso, si se compara la Magdalena con otras fincas basadas en el esfuerzo individual, es evidente que el escaso progreso de todos estos años no se debe al trabajo colectivo: lo que cuenta son los medios que se tienen a tu disposición y el conocimiento para hacer algo con ellos.

—Imaginate que sos un boxeador y te querés preparar para una pelea, pero no tenés dinero y nadie te quiere prestar un centavo. ¿Cómo vas a pelear?

Sin embargo, la cooperativa todavía existe. No es que Bernabé crea que la propiedad campesina sea algo improcedente. Por el contrario. Al fin y al cabo los campesinos siempre han trabajado la tierra. Pero un proceso revolucionario como el sandinismo, del que la Magdalena es consecuencia, quizás nunca vuelva a repetirse. Muchos campesinos no han sabido apreciar este logro y están de vuelta donde estaban antes de la revolución. Bernabé considera que la Magdalena tiene una obligación, como colectivo: seguir juntos, no importa las diferencias entre unos y otros. Siempre adelante, en los buenos y los malos tiempos.

—¿Un matrimonio?—pregunto.

Reímos juntos pero Bernabé responde con seriedad:

—Sí, uno está casado con la cooperativa.

Detrás de mí oigo rebuznos. Me volteo y veo los burros, ocho en total, con aparejos de carga. Dos hombres, cada uno con un saco de café al hombro, se acercan a uno de los animales. Uno por cada lado deja caer su carga en el aparejo. Luego uno de ellos pasa una cuerda por debajo y la ata fuertemente. Dos sacos por burro, dieciséis por caravana. Pobres animales, allá van, saliendo del patio, los cascos resonando en las piedras. Uno de ellos, desobediente, se sale de la fila y recibe un latigazo. Noventa y seis sacos: seis veces ida y vuelta a Balgüe. Hoy mismo, para que mañana de madrugada la carga siga en camión hacia el puerto de Altagracia. El barco a Granada parte a las diez de la mañana.

Subo hasta el desván y me siento junto a Feliciano en el borde de la ventana. Se ha quitado un peso de los hombros, dice. Mientras era presidente le llovían las críticas. De Blanca, sin ir más lejos. Le echa la culpa a él de que hayan designado a otra persona para trabajar en la cocina, cuando la decisión fue tomada entre todos. Y si ponés el dedo en la llaga te dan duro. En el tiempo de los Baltodano si no aparecías a las seis de la mañana no tenías trabajo. Hoy en día si se te ocurre decir algo responden: «éste quiere imponernos leyes como si todavía viviéramos en el pasado». La gente piensa demasiado en sí misma. Esto también quedó claro en la repartición de la tierra. Se puede decir: «mantengamos la tierra unida y luchemos juntos», pero si la mayoría no está de acuerdo, imposible.

—Nos llamamos una cooperativa—dice Feliciano con amargura—, pero cuando ésta nos pide ayuda, le cerramos la puerta. Al revés, si nos quiere dar algo, nos ponemos todos en la primera fila.

Los últimos meses fueron especialmente duros. Llegó a tener serias dudas de sí mismo y se preguntaba si no estaría llevando a la Magdalena al desastre. Terminó enfermo. Sin embargo, cuando mira hacia atrás se da por satisfecho. ¿Qué presidente puede decir que entregó el cargo con las arcas llenas? Cuando asumió no había nada.

—¿Sabías que ni siquiera estaba el título de propiedad?

Resulta que el documento lo tenía en su casa uno de los miembros. Feliciano le agradece a Dios que finalmente haya podido recuperarlo. Como humanos debemos ser humildes:

—Le pedí ayuda a Dios y Él me dio claridad.

Según Feliciano el otro tenía sus planes. Con el título en su poder podría luchar contra cualquiera que intentara recuperar la finca, como los Baltodano hoy en día.

—Pero la Magdalena es de todos y tenemos que luchar juntos.

No fue por nada que ayer en la asamblea mostró el documento con tanto énfasis.

—¿Te diste cuenta que fueron muy pocos los que lo miraron?—pregunta decepcionado.

—¿Y Sandino?

—Su imagen está en la tapa de los documentos que recibían los campesinos cuando los sandinistas les otorgaban tierras, de acuerdo con la Ley de Reforma Agraria.

—Un regalo de la historia entonces, esta cooperativa.

Feliciano me mira con seriedad.

—Sandino dio su vida para que nosotros, los campesinos, pudiéramos tener tierras. Ésa es la herencia que nos dejó.

Al final de la tarde los burros salen por última vez del patio. Mañana, después de llegar a Granada, el café seguirá en camión hasta el puerto de Corinto, en el océano Pacífico, de donde será embarcado a Canadá.

El último burro desaparece detrás de los árboles. El contorno del follaje, del que emergen las majestuosas copas de los ceibos, se ve borroso por el humo que desde hace algunas semanas flota sobre Ometepe. Está terminando la temporada seca y antes que lleguen las lluvias los campesinos le ponen fuego a sus tierras para limpiarlas de los viejos cultivos y la maleza. Un día el viento arrastró el fuego hasta muy cerca de la finca. Fueron necesarios muchos baldes de agua para salvarla de las llamas.

Atardece y el sol, triste, va cayendo tras la capa de humo. Es como una foto en sepia de un paisaje irreal envuelto en tonos grises y anaranjados. El color naranja habitual se ve más profundo, casi sangriento. En la distancia el lago parece gris, apenas se distingue la costa y la península es una sombra. Aún más lejos, se levanta el Concepción, grande, oscuro y naranja. ¿Echará Yadira de menos este paisaje? ¿Podrá sintonizar Radio Tigre en Costa Rica?

Feliciano acaba de irse a su casa. Poco antes de que partiera hice un amplio gesto con el brazo y le dije:

—Todo esto allá abajo es de ustedes.

—Si tomás en cuenta cómo vinimos a dar aquí...— suspiró, luego me dio una mirada y la risa iluminó su cara:

—...la Magdalena es un regalo de Dios.

La pelea II

—¿Y mi sardina?—pregunta el Vampiro.

Lo quedo mirando, sorprendido. ¿No sabía yo que para Semana Santa se le regala una sardina al entrenador?

—No importa, no importa—agrega—, eres extranjero, igual que yo. No pasa nada. Cámbiate de ropa, Tulipán. Vamos.

La cosa va en serio. El martes, en la reunión semanal de entrenadores en el Alexis, el Vampiro arregló una pelea. Ahora tenemos un compromiso. Estoy para el 15 de mayo. Le resta importancia a mis preocupaciones. Ya se me pasó el resfrío de la semana pasada, ¿no? Estoy de vuelta en Managua y simplemente tengo que entrenar cada día, incluido el sábado. Nos queda más de un mes, tiempo de sobra. ¡No es una pelea profesional! El Vampiro lo tiene todo preparado. Ahora a trabajar, empezando por saltar la cuerda.

—Quince minutos. Vamos, Tulipán.

El apodo nació por necesidad. Para que no me llamen a cada rato gringo o alemán. Al Vampiro le encanta.

—¡Tu-li-pán!—deja oír por la sala—. Bien, ya está. Ponte vendas y hazme sombra. Dos asaltos. Rápido.

Me sigue de cerca.

—Las caderas, Tuli, muévete. ¡Salsa! Quiero ver tu izquierda, más rápido. Hostígalo. Con clase, Tulipán, cuatro golpes, gira rápido ¡y con clase!

El Vampiro no está insatisfecho conmigo, pero se ríe: por supuesto que nunca llegaré a ninguna parte.

—No por nada dicen que el box es para los negros. Un negro es más rápido, vivo y fuerte. Dale, a ver si me tocas.

Deja caer las manos y mueve el torso, a la izquierda, esquiva, a la derecha. No consigo alcanzarlo.

—¿Ves?—dice riendo—. Yo era más rápido que todos aquí juntos.

Se pone las manoplas y las levanta:

—Izquierda, Tuli, izquierda, muévete, izquierda, derecha, en las manoplas. ¡Rápido, Tuli! Izquierda y gira, cuatro golpes, one, two, three, four. Baila, holandés. Boxea. Todo al mismo tiempo.

Se quita las manoplas y se cuadra.

—Mira bien. Moverse y pegar. Jab, gancho, cruce, jab y girar, picar, jab, jab, jab, moverse, los pies, la cadera, izquierda, derecha, para abajo y gancho, gancho y moverse.

Su rapidez y flexibilidad me dejan atónito. Se detiene y ríe.

—El boxeo es una profesión, holandés. Un arte.

Con el rabillo del ojo mira a Rodrigo, que está ocupado con el saco.

—Estas cosas no se las enseño a nadie.

Se inclina hacia mí.

—¿Sabes cómo es aquí? Te dejan. Los entrenas, les enseñas todo y luego buscan a otro que se lleva la gloria. No, compadre, este negro se queda con la boca cerrada.

El Vampiro enfatiza la importancia de nuestro compromiso.

—No puedo quedar mal. Tú y yo somos extranjeros. Todos quieren que perdamos.

Me mira seriamente. Le tengo que prometer una cosa: no buscaré a otro. No, le digo, a condición de que me trate bien.

—¡Eso es! Cuando mejor los tratas, más rápido te dejan.

—¿Para dónde me voy a ir? Quiero pelear una sola vez. Será mi debut y mi despedida.

—No lo digas tan rápido, Tulipán. El boxeo se te mete en la sangre.

—A propósito—le anuncio—, vuelvo a casa dos semanas después de la pelea.

Me mira sorprendido. Entonces tengo que organizar algo en Holanda. Cuando me vean boxear dirán: «traigan a ese negro para que entrene acá». ¿O es que no he aprendido nada con él? Admito que sí, mucho. Y no tiene de qué preocuparse, no me iré con otro.

—Tienes que pelear como si fuera lo último que haces en tu vida, Tulipán. Tenemos que ganar este combate.

Al despedirnos le doy doble paga.

—Para la sardina.

Mira los billetes con ojos desorbitados.

—¿Con esto me voy a comer una sardina?

Le muestro mi billetera vacía.

—¿Y yo qué voy a comer con esto?

Estoy esperando al Vampiro a la entrada del gimnasio. Sale el Burro. Me empieza a hablar sobre un cura que boxea. Es de mi peso. Podría ser un buen contrincante. Pero claro, no se le puede pegar a un cura, después te lo cobran en el cielo. El Burro se ríe de su propia ocurrencia. Agrega que soy lento y que le hago demasiadas preguntas al Vampiro. ¿Voy a hacer lo mismo en el ring? Burro, digo, Burro, ya sabes lo que significa, ¿no? Cabeza hueca. Y con la cabeza hueca no se ganan peleas.

Se nos acerca el Vampiro. El Burro le pregunta qué le parece el cura. ¿Estás loco?, responde, ése tiene años de experiencia. No, no, el holandés va a pelear con otro debutante, un tipo burgués, uno que no boxee por necesidad, no, el cura ni pensarlo.

El Vampiro regresa adentro a buscar algo y dice que después ya podemos irnos. El Burro lo señala con el mentón.

—Tené cuidado. En una de esas resulta que el burguesito tiene treinta peleas en el cuerpo.

Escupe en el suelo.

—Así es la cosa. Las peleas se venden. Cada uno hace su negocio.

El ring, en el centro del Alexis, está vacío igual que las cuatro tribunas, una contra cada pared, calculo que cabrán unas cuatrocientas personas. En los rincones del gimnasio hay boxeadores entrenando. Hombro con hombro los muchachos saltan la cuerda sobre enrejados de madera de tres por cuatro metros. El Vampiro camina delante de mí y entramos al vestuario. Aquí está la balanza, según él, la mejor de Managua. Ajusta el aparato a mi peso y me hace un gesto para que suba. Cuando la aguja deja de temblar y queda fija, el Vampiro aprueba con una cabezada. Todo está en orden.

De vuelta en la sala me presenta a Guillermo *Polvorita* Martínez, el entrenador de mi rival. El hombre me observa lentamente de pies a cabeza y de mala gana dice que mi contrincante se llama Silvio.

Cuando salimos del gimnasio el Vampiro chasquea la lengua despectivamente.

—Aquí hay por lo menos siete entrenadores y no se soportan. Se hacen la vida imposible y se roban mutuamente los talentos.

Digo que no quiero saber nada de esos enredos. Tengo un solo entrenador, el Vampiro. Pero necesito saber que puedo confiar en él. Pone los ojos como platos. ¿Acaso no me doy cuenta que tanto él como yo somos extranjeros? Todos esos tipos allí adentro lo odian, pero él se ha ganado el lugar que tiene. Fue Vampiro Meléndez y eso nadie lo puede negar. ¿O pensaba que podría ganar con un entrenador nicaragüense? ¿Con el Burro? Jamás. Seguro que me ha estado hablando, que la pelea está vendida y cosas por el estilo. Lo que pasa es que el Burro no puede aceptar que perdió al extranjero.

—Son unos brutos—exclama.

Tenía unos veinte años cuando le preguntó a una persona con conocimientos dónde podía encontrar a los más brutos de Centroamérica y la respuesta fue en Nicaragua.

—Entonces tengo que ir para allá—respondió el Vampiro.

Estamos de regreso en el gimnasio y se sienta en su escritorio.

—Y he cumplido con mi palabra—dice riendo—. Vivo en este país desde hace veintiséis años.

Pero los panameños son más inteligentes. Es que Panamá no es Centroamérica, ni Sudamérica. El Vampiro se pone de pie. Panamá es el centro, dice: ¡el corazón del universo! Su país es independiente desde 1903, cuando se separó de Colombia.

El año pasado, cuando entrenaba a Tomás Borge, le preguntó:

—Oiga jefe, ¿cómo es posible que hayamos llegado a esto?

¿Y que respondió Borge? Que se debía a que los nicaragüenses son unos brutos. El Vampiro no podía creer lo que estaba oyendo. Pero a él que no le vengan con historias. Ha estado en dieciocho países, incluido Japón, donde también boxeó. Además ha combatido aquí, en las montañas y luego con el ejército. Teniente coronel Vampiro. Y no hablemos de las mujeres que ha tenido. En Costa Rica por ejemplo, a los veinticuatro, veinticinco años. Tenía una novia en la costa. La dejaba a las cuatro de la tarde para que trabajara y la iba a buscar a las once para cobrar. Luego una comida, unos tragos y a la cama. A coger. ¡Qué vida! El Vampiro mira al cielo, todas esas mujeres son su gran orgullo. Baja los ojos y me mira.

—He cogido, peleado, asesinado, he estado preso, he tenido plata, ropa, mujeres, ¡todo!

Golpea la mesa con la mano abierta.

—¡Está bueno! ¿O no?

—¡Tu-li-pán!

Gustavo entra con una amplia sonrisa en la cara. Demasiado tarde para hacer sparring, ya he terminado el entrenamiento y estoy descansando. Vampiro piensa que tengo que entrenar con él, no con Rodrigo que anda por la sala como león suelto.

—Quiere mostrar lo fuerte que pega—dice el Vampiro—y eso no te sirve de nada. Con Gustavo puedes aprender.

Gustavo todavía no recibe noticias de Miami. La semana pasada lo llamó un amigo. Si no quiere ir a boxear allá. Le respondió que iría de inmediato. Cumplió veintinueve años y no tiene tiempo que perder.

—Tulipán—repite Gustavo.

—¿Y tú no tienes apodo?

—Yo soy Herrera, Gustavo Herrera. Es mi nombre verdadero. De lo contrario la gente solo te conoce por el apodo. A mí, en cambio, cuando me ven pasar dicen: «mirá, ahí va Herrera».

Según dicen podría haberse hecho rico. Pero un deportista no hace cambiar la política. Con el sandinismo no podía cobrar por las peleas. Era funcionario estatal, si bien el deportista mejor pagado de Nicaragua. Además, era Gustavo Herrera. Podía hacer lo que quería y entraba en todas partes, con o sin dinero en el bolsillo. Sí, tal vez pudo sacarle mejor partido a su talento. Las ofertas no faltaban. De Venezuela. De México. Quizás si hubiera estado soltero, pero se enamoró de una estudiante. Todavía están juntos. ¿Acaso esto no es más importante que el dinero?

El Vampiro me hace una seña, quiere que de todas maneras haga sparring con Rodrigo. Después de todo pelearemos casi al mismo tiempo; su combate es un día después del mío. Rodrigo ríe y se deja azuzar por los presentes para darle su merecido al extranjero. El Vampiro nos ordena que nos vayamos con calma, mira su reloj, da la señal y comenzamos.

Rodrigo es más bajo que yo e intenta acortar distancia tirándome golpes a las costillas, pero lo mantengo alejado con la izquierda. Cuando baja la guardia logro meterle un par de golpes. Hago una combinación de izquierda, un directo y un gancho, pero soy demasiado lento. Rodrigo reacciona con un directo de derecha que me alcanza en la mandíbula. Después de dos rounds estoy exhausto. Para mi sorpresa el Vampiro dice:

—Vamos bien.

En el Alexis lo están presionando, me cuenta al día siguiente.

—Tus golpes de ayer llegaron hasta allá—dice mirando al Burro, que fuma en un rincón de la sala.

Que pierda el extranjero, le decían, lo otro sería traicionar a sus colegas. «Este señor es mi pan de cada día», les respondió, «en cambio a ustedes, ¿qué les debo? Nada». Luego me informa que Polvorita ha retirado a Silvio. «Vas a ganar porque tienen miedo», dijo una vez mi vecino Mario. Hay otros dos candidatos. Polvorita ha propuesto a Parrales, un boxeador con experiencia, y el entrenador Mena tiene a Aguirre, un debutante. Rodrigo, que está con nosotros, dice que no es verdad: Aguirre ha peleado por lo menos veinte veces. Entonces que sea Parrales, concluye el Vampiro. Además, agrega severamente: ¿qué importa quién sea? ¿Qué carajo importa? Él mismo debutó como profesional ante el campeón de Panamá. Hasta entonces solo había estado tres veces en el cuadrilátero, en combates de apenas tres rounds. La pelea con el campeón fue a doce rounds.

—¿Y?

—Gané.

Con gesto de satisfacción camina hacia el centro de la sala cantando: «Tanto tiempo disfrutamos... pa, pa, pa».

El Vampiro ha llegado a un acuerdo definitivo. Mi contendor: Marvin Aguilar Aguirre. Al parecer Parrales tiene demasiada experiencia, por lo menos treinta peleas. El Vampiro estuvo ayer con Aguirre.

—«A ese extranjero me lo voy a comer crudo»—le ha dicho mi rival—. Pero no te preocupes, Aguirre bebe.

Hago guantes con un pupilo del Burro y al final recibo una reprimenda.

—¡Cómo pudiste dejar que se te viniera encima, holandés!—ruge el Vampiro—. ¡El que manda eres tú!

—En Cuba le dicen «adornar»—agrega Gustavo—, mantener al rival ocupado, no darle tiempo a pensar.

Nos sentamos a conversar. Gustavo quiere saber por qué comencé a boxear. ¿Qué motivos tengo para pelear? No le digo nada de mis intenciones de escribir. Esto es para el Vampiro, a quien le dije que le debía una historia, la historia del misterioso boxeador holandés. A Gustavo le cuento que hace un tiempo me atacaron cinco tipos y apenas pude defenderme, y que después comencé a boxear.

—Siempre hay un motivo—dice.

Me cuenta que cuando niño iba a ver las peleas de su padre, que boxeaba para ganarse la vida. Una vez un rival más joven lo mandó al hospital. Gustavo comenzó a boxear para alguna vez derrotar a ese hombre.

—¿Y?

—Nunca se dio la oportunidad.

En cualquier caso Gustavo Herrera se convirtió en uno de los mejores boxeadores nicaragüenses de los años ochenta. Llegó a ocupar el tercer lugar en el ranking mundial de peso ligero. Estuvo veinticinco veces entrenando en Cuba. Es buen amigo de Félix Savón, el famoso peso pesado cubano, y no existe otro nicaragüense que haya derrotado a tantos cubanos como él.

Nos interrumpen los gritos que lanza el Vampiro desde su escritorio.

—¡Me cago en la madre de Satanás!

No entiendo a qué se refiere.

—Satanás es un ángel caído, Vampiro—digo—. En realidad te cagas en la mujer de Dios.

151

El Vampiro arruga el entrecejo.

—¿No dicen que está en el infierno?

—En el círculo más profundo.

Su rostro se ilumina.

—¡Eso está bien! Satanás es el mal, ¿ves? Y así es la vida: tienes el bien, tienes el mal, y sin el bien y el mal no hay vida.

El último entrenamiento ha terminado. Mientras recojo mis cosas presto atención a los consejos del Vampiro para mañana. Descanso, ése es su lema. Un desayuno suculento y a las ocho de la mañana al Alexis para el pesaje. Al regresar a casa mirar un poco de televisión, leer un libro, dormir. A eso de las cuatro, un almuerzo liviano, un sándwich y una taza de té, y de regreso al Alexis. Los combates comienzan a las seis de la tarde.

Un masaje no le parece mala idea, pero tiene que ser hoy, no es conveniente el mismo día de la pelea. Me cuelgo la bolsa al hombro y me dirijo a la salida mientras el Vampiro se interna en la sala cantando:

—Tanto tiempo...pa, pa, pa...

Me doy la vuelta.

—¿Vampiro?

Me mira por encima del hombro.

—¿Qué canción es ésa que siempre andas cantando? Ríe bajo.

—Es algo de antes, de Panamá.

—¿Y de qué va?

—De, cómo podría decirlo, nada, de un muchacho y cómo disfruta del amor de su novia.

En su mirada aparece un deje de melancolía.

—Ella fue la que inventó esto de Vampiro—dice finalmente—. Según decía porque yo era muy moreno.

—Cántamela.

Sacude la cabeza riendo tímidamente.

—¡Tulipán! Take it easy, man.

Insisto. Me mira titubeante, gira la cabeza y entona suavemente.

«Tanto tiempo disfrutamos de este amor,
nuestras almas se acercaron tanto así...
pa, pa, pa...».

—Por ahí va, por ahí va la cuestión—dice alejándose.

La abuela de mi vecina Alicia me está esperando. Caminamos lentamente hasta la consulta, un par de calles más adelante. Se hizo masajista por necesidad, me explica mientras prepara sus cosas. Cuando su marido la abandonó, hace diez años, tenía que ganarse la vida en algo.

Tendido en la camilla, me pide que cierre los ojos y respire profundo un par de veces.

—Muy bien—dice—. Ahora solo quiero que pensés en la pelea y que la vas a ganar.

Sus dedos se deslizan por mi brazo hacia abajo. Aprieta y pellizca suavemente, me sujeta la mano y la sacude. La oigo moverse alrededor de la camilla. Comienza con el otro brazo.

En las últimas semanas el combate ha estado permanentemente en mi cabeza. Tres rounds de tres minutos. Eso será todo. Veo el sendero entre los platanales de Ometepe. Primero a la carrera cuesta abajo hasta la aldea, ejercicios de estiramiento y de regreso cuesta arriba, día tras día, durante cinco meses. Después ejercicios de fortalecimiento, los guantes y los golpes al saco de maíz en mi habitación en la Magdalena. Con el Vampiro las sesiones comenzaban con quince minutos de salto de cuerda. Luego los ejercicios, cuatro minutos y uno de pausa. Moverse. Los pies. Las caderas. Adornar. ¿Cómo poner a punto las técnicas aprendidas, la fuerza y las tácticas de combate? Distancia. Izquierda, izquierda, izquierda. Castígalo. Uno, dos, tres, cuatro y atrás, fuera de este infierno. ¿De qué manera controlar el miedo al rival sin perder la flexibilidad que te permita romper su defensa? Boxear. Todo al mismo tiempo. ¿Cómo se hace eso que llaman «preparación mental»? ¿Se tiene que odiar a tu rival y descargar en él toda tu furia? Pero si no lo conozco, al tal Marvin. Mi vecino, Mario, dice que todo el barrio está conmigo. Mi pelea es su pelea. En la Magdalena estarán todos pegados a la radio escuchando la transmisión de la pelea. Al Alexis vendrán muchos holandeses, incluso la embajadora ha dicho que quizás asista. Por supuesto que quiero ganar por ellos. Pero, ¿se trata de eso? La pregunta es por qué quiero pelear. Hace dos años fui a Latinoamérica para escribir artículos de prensa. Luego vino el libro. La pelea no estaba en mis planes. Voy a pelear para escribir un cuento. Y mañana termina. La pelea, me doy cuenta ahora, es el final. El final del cuento.

Ya puedo abrir los ojos y debo soltar el aire lentamente.

—Para terminar te vamos a sacar todo lo negativo— dice la abuela.

Frota mis brazos y piernas hacia abajo y se sacude restos de polvo imaginario de las manos.

A la mañana siguiente llego al Alexis a las cinco para las ocho. El Vampiro me está esperando. Hay mucha actividad en torno a la balanza. Cuando me llega el turno el controlador ajusta la báscula a mi peso de combate, ochenta y un kilos. La aguja se inclina. El controlador me pide que baje del aparato y mueve el contrapeso. Ahora la aguja está en equilibrio: ochenta y dos kilos con ochocientos gramos. ¡Casi dos kilos de más! Refunfuño. No puede ser. Me pesé ayer y estaba en orden. Le digo al Vampiro que alguien metió mano en la pesa. Me mira amenazante:

—Nada de eso. Ésta es la balanza oficial.

Me agarra del brazo.

—Puedes tener un kilo de sobrepeso y a las nueve se cierra el pesaje. ¡Qué estás esperando!

Me lleva a zancadas hasta un lugar sofocante bajo la tribuna, descuelga una cuerda de la pared y me la entrega.

—¡A saltar!

Trae una camiseta de plástico.

—Y ponte esto. ¡Suda!

Al cabo de unos veinte minutos me viene a buscar.

—Vamos, a la balanza.

Todavía goteando sudor subo a la balanza, tenso. No te muevas, me pide el controlador. La aguja tiembla otro poco y se detiene. ¡Ochenta y dos kilos exactos!

—En orden—dice el hombre y hace una marca junto a mi nombre en su lista.

El Vampiro se echa a reír.

—Líquido, Tulipán. Bebiste demasiada agua.

Finalmente puedo salir a tomar un poco de aire fresco, pero en la puerta me detiene un hombre con gesto desolado. Dice:

—Es que hoy en la mañana salió a correr y se cayó en la muñeca.

No entiendo de qué habla. El Vampiro pregunta qué pasa. Le repito lo que acabo de oír y maldice.

—¿Y quién es este señor?—pregunto.

—Mena. El entrenador de Aguirre.

El rostro de Mena muestra todavía más desolación.

—No puedo hacer nada—dice.

Entro nuevamente en la sala y el Vampiro me sigue.

—No hay boxeador en el mundo al que se le ocurra salir a trotar el día de una pelea—refunfuña—. Si se ha caído en algo, es en los huevos.

Unos hombres llaman al Vampiro y comienza una acalorada discusión. El Vampiro gesticula, reparte palmadas en los hombros y se me acerca.

—Escucha. Ya sabes que en el boxeo todas las cartas están marcadas.

Vuelve la cabeza hacia el grupo.

—Podemos arreglarte otra pelea, por doscientas córdobas. Ellos te pueden buscar a alguien. Un lele.

Le digo que lo quiero pensar y me acerco al cuadrilátero. Subo la escalerilla y entro a través de las cuerdas. La lona es ligeramente blanda, seguramente debajo tiene goma. En el centro hay una ilustración circular con dos boxeadores. Las cuerdas son gruesas y elásticas. Bajo por la escalerilla y voy a sentarme a la tribuna. El Vampiro se sienta a mi lado.

—No voy a pelear—le digo.

Asiente con un cabeceo.

—Ya te lo había dicho—afirma—. No se puede confiar en ellos.

El Vampiro mira hacia adelante, con aire sufrido.

—Hice la guerra por este país. Renuncié a mi pasaporte. Y mira... no queda más que resignarse.

Pienso en la historia que le iba a contar, la del misterioso boxeador holandés. Te voy a contar la historia de la pelea que no fue, Vampiro. Se llama «La pelea».

EPÍLOGO

Mitch

En los últimos días de octubre de 1998 el huracán Mitch atravesó Centroamérica. Se registraron vientos de más de 250 km/h y en veinticuatro horas cayó más agua que en todo el año anterior. El volcán Casitas en el norte de Nicaragua se derrumbó y sepultó a cinco poblaciones bajo el lodo acumulado en su cráter. En el río Coco, en la frontera entre Nicaragua y Honduras, se produjo un maremoto que inundó las orillas dejando una estela de destrucción.

Yo había vuelto en Holanda y me preocupaba por la suerte del abuelo de mi vecina Alicia, que vivía en Wiwilí, y a quién había conocido un día en Managua estando de visita él y sus dos hijos en la ciudad. Era hermoso allá en Wiwilí, me contaban, uno tenía que cruzar el río Coco en ferry para llegar al pueblo y se podía nadar a gusto, aunque había que tener cuidado con los cocodrilos.

Alicia me escribió que una persona de la zona afectada le había hablado de pueblos desaparecidos y de ríos que habían variado su curso. La geografía de la región había cambiado tanto que se tenía que rehacer el mapa. Wiwilí había dejado de existir.

Días más tarde Alicia informó que su abuelo y sus hijos se habían salvado. Evilio, uno de los hijos, le contó su historia. El maremoto se originó en Honduras, donde nace el río Coco, y el río ensanchó tanto que llegó a tener cientos de metros de ancho. Su padre, sin embargo, se negó a huir del agua que amenazaba su casa en Wiwilí, el pueblo donde antaño, siendo alcalde, había introducido el telégrafo y la electricidad. Ni siquiera quiso empacar sus pertenencias y se había propuesto ir a la cama. Cuando el río ya se había llevado una parte de la casa, lo forzaron a ir a una casa de una tía, pero también fue engullida por el agua, y luego buscaron refugio en una colina. El río, decía Evilio, se veía como el mar desde ahí. Cuatro días después llegó el helicóptero de la marina estadounidense. En todo ese tiempo no habían comido nada y su padre estaba a punto de morir de hambre. Además parecía haber perdido la razón, ya que aún no quería dejar su Wiwilí, aunque ya no existía. Evilio contó que el helicóptero no encontró un sitio para aterrizar, y cómo habían sido alzados a bordo con cuerdas por los marines que—como explicó Evilio con orgullo—les habían salvado la vida. Ahora viven en Managua, en la casa de Alicia. No les queda nada.

Las imágenes de la miseria de todos aquellos que también se quedaron sin nada llegaron a mi casa en Holanda a través de la televisión. Éstas son las imágenes que recuerdo: una casa en la orilla se desploma y se cae al río; dos hombres con las camisas empapadas atravesando el agua furiosa, llevando ambos un niño en el brazo; y una mujer de falda roja mirando de frente, no hacia la cámara, sino para otro lado, hacia un lugar muy lejano. Cada día veía esas imágenes, en las cadenas holandesas, en la inglesa, la francesa, la española, y al final, a lo largo de una noche entera, durante la *Acción Nacional Centroamérica,* el programa organizado por el conjunto de cadenas de Holanda con el objetivo de recaudar fondos en beneficio de los afectados del huracán.

Esa noche emitieron reportajes de los enviados especiales a la región del desastre. Una de las reporteras contaba con sorpresa cómo los afectados relataban su desgracia con sonrisas. Pero, añadía, eso cambiaba en cuanto seguía preguntando: entonces daban libre curso a su desesperación a causa de la falta de perspectiva por su situación. Cuando volvió a aparecer la mujer de falda roja, me impresionó aún más la expresión de sus ojos y cómo se quedaba mirando de frente sin expresividad alguna. Se me ocurrió que esa mujer no miraba a un lugar lejano sino hacia la nada. Su mirada reflejaba lo que la reportera había expresado al hablar de falta de perspectiva.

Me incomodaba observar esas imágenes. Primero porque eran horribles, me pasaba lo mismo que a cualquiera que ve las consecuencias de semejante violencia de la naturaleza. Quizá mi incomodidad era mayor porque lo que veía parecía tan cerca. Las caras televisadas me recordaban caras que yo había visto, reconocía la estructura original en los escombros de las casas desplomadas, veía restos de puentes y carreteras que no hacía mucho había atravesado, y distinguía los paisajes desolados llenos de cadáveres y con zopilotes en los árboles, de los que recordaba su belleza majestuosa.

La incomodidad que sentía, sin embargo, no sólo tenía que ver con el horror de las imágenes. Se trataba de verlas una y otra vez. La casa que seguía desplomándose, los hombres con sus niños, vadeando una y otra vez el agua encrespada, y la mujer de falda roja que no dejaba de mirar hacia la nada. Cuanto más se repetían las imágenes, más escapaban de la realidad que representaban. En nuestras casas nos presentaron una realidad televisada, en la que esa casa, esos hombres y esa mujer desempeñaban, día tras día, un trágico papel de protagonistas, porque su dolor había sido grabado por una cámara. Durante unas semanas alcanzaron fama mundial como símbolos del desastre.

Me sentía incómodo porque ya había visto a esa mujer, a esos hombres y esa casa, mucho antes que el Mitch apareciera. Medio año antes, por ejemplo, en la temporada de la cosecha, cuando tantas mujeres y hombres parecidos contemplaban desde casas idénticas cómo se secaba su cosecha a consecuencia de la sequía extrema. Los ojos de esa mujer también podían pertenecer a una mujer de falda roja vendiendo elote en un mercado. Esos hombres se veían en los autobuses o al lado de las carreteras, con sombrero, camisa desabrochada, botas y machete. En nuestras casas la falta de perspectiva existía mientras la televisión no desviara nuestra atención hacia otros lugares del planeta. En realidad, las imágenes ocultaban personas reales que sin el Mitch vivían vidas anónimas, al lado de las carreteras, en los autobuses o los mercados de un país lejano e insignificante y cuya falta de perspectiva cotidiana no grabaría ninguna cámara del mundo.

Estando en Nicaragua a veces trataba de imaginarme cómo era ser joven y querer construir un futuro, y siempre surgían esas mismas tres palabras que la reportera había pronunciado y que veía reflejadas en los ojos de la mujer de falda roja. En la noche de *Acción Nacional Centroamérica* las palabras no se me quitaban de la cabeza. Me hacían pensar en Yadira, dando la espalda a la lentitud de la Magdalena; en el triste Carlos Alberto Ramírez y la excéntrica élite granadina; en la suerte dudosa de Subtiava y su pasado ficticio; en los clientes de Carlos Garay; en la desesperación de José Hernández; en la amargura del costeño y el rencor del miskito. Pensando en los difíciles años ochenta, los días de Somoza o la época anterior de guerras civiles, no podía imaginarme que la falta de perspectiva no hubiese existido desde siempre.

El Mitch, sin embargo, no tenía nada que ver con conflictos políticos o injusticia social. El huracán aportó una falta de perspectiva completamente distinta, la que nace de la brutal violencia natural. Mitch trajo consigo el recuerdo del terremoto que destruyó Managua en 1972. Miles de familias fueron diezmadas, perdieron sus hogares y sus pueblos. Había puentes desplomados, carreteras desaparecidas, la electricidad y el agua potable estaban cortadas. ¿Sería que la raíz de la falta de perspectiva se hallaba en el ojo del huracán? ¿En qué se tiene que confiar si se vive en un mundo donde la violencia natural está siempre al acecho y hace estragos de repente? ¿Va uno a creer en Dios?, como Feliciano, que consideraba la Magdalena como un regalo del cielo. ¿O se pone uno bruto?, como decía mi entrenador de boxeo Vampiro. Alicia me escribió que el nicaragüense se vuelve más agresivo, porque se siente rechazado, tal vez como otra mujer que había visto en la televisión, que se preguntaba: ¿por qué Dios nos castiga? ¿Acaso somos menos que los demás?

No obstante, siempre se observaban—pese a la desesperación y el abatimiento—esas sonrisas. En la televisión apareció una mujer enseñando el niño que había tenido pocos días después del desastre. Con expresión radiante contaba que lo había bautizado Mitch. Yo pensaba en la risa afable de doña Aura cuando dijo que nunca podían estar seguros de que la tierra de la cooperativa realmente les pertenecía; en cómo Esteban

Bárcenas se echó a reír a carcajadas contando que, según Somoza, los indios no tenían huevos; en la mirada pícara de Carlos Garay cuando dijo que a fin de cuentas a los nicaragüenses les gusta ser engañados; en el jolgorio de Earl Kirkland y Henry Morgan en su barrio de Bluefields; en la satisfacción con la que el miskito Rafael afirmó que Nicaragua era un buen país. También volvieron a mi mente las vacas y los caballos de la Magdalena y me acordaba de la impasibilidad con la que soportaban el sol intenso y las lluvias tropicales. La vida es como es, decía Esteban Bárcenas, hay que aceptarla. ¿Es la resignación una prolongación de la falta de perspectiva que le procura a uno la calma y la sonrisa necesaria para aceptar los golpes del destino? Quien no tiene futuro, dice V. S. Naipaul, se toma la vida como un chiste, pero en realidad el chiste representa la otra cara de la histeria.

Quizás no sorprende que Nicaragua comparta su falta de perspectiva de manera desdoblada, desesperadamente y con una sonrisa. ¿No es la simulación una característica fundamental del país del que Pablo Antonio Cuadra escribió que «está acostumbrado a resurgir de sus cenizas»? El pueblo nicaragüense, según Cuadra, es un pueblo desenraizado y atormentado, que sabe que puede perder su hogar de un día para otro y cuya conciencia cruje bajo un lastre de guerras y dictaduras. Un pueblo, sin embargo, que no glorifica a sus héroes de guerra, ni a sus conquistadores, sino a sus poetas. ¿Será cada nicaragüense un poeta porque las palabras le ofrecen la libertad de soñar, mientras la tierra parece castigar cualquier sueño? ¿Es la poesía el fruto de la desesperación en el que el nicaragüense reconoce el sabor de su sonrisa y la mueca de su reflejo?

Alicia difícilmente podía pasar sin su Nicaragua querida. Una vez regresó antes de lo previsto de una visita a su familia en Guatemala porque echaba de menos a Nicaragua. Contaba cómo la nostalgia había desaparecido tan pronto hubo pasado la frontera con Honduras. Era a causa de la vista que uno tiene allí, decía. Era su imagen preferida de Nicaragua, ese llano en el norte y los volcanes en fila, elevándose imponentemente bajo el cielo azul con alguna nube blanca, y, al fondo, el lago de Managua. Quién pasa por allá ahora, verá prácticamente lo mismo. Ya no se siente el hedor de los cadáveres alrededor de la corriente de lodo bajo el volcán Casitas, pero se percibirá durante mucho tiempo la cicatriz que el Mitch ha dejado en el paisaje de Nicaragua.

El poeta

Nunca llegué a hablar con Carlos Martínez Rivas. Pensaba ir a visitarlo con mi vecina Alicia, que era amiga suya. Vivía en la otra cuadra y me había enseñado su casa. Ahí le vi muchas veces, sentado en el vano de la puerta, en una mecedora antes, una silla de ruedas al final. La casa por dentro estaba en desorden, decía Alicia. Casi no dejaba que la doméstica la arreglase. Las latas de la comida de sus gatos estaban tiradas por todos lados. Mi vecina pensaba que a veces comía con los gatos. También decía que la casa estaba repleta de libros. No había pared sin libros, se amontonaban por doquier. Un caos, pero conocía el paradero de todos. Siempre que alguien le preguntaba, daba con el libro adecuado.

Era cuestión de suerte, decía Alicia. Que él, cuando fuésemos, estuviese de buen humor. Porque en muchas ocasiones había ido a verle y le había gritado. Que por qué hacía tanto que no venía, que si acaso lo había olvidado. Últimamente, sin embargo, no tomaba mucho. Y eso era otra cosa. Entonces contaba. Sobre sus libros preferidos, *El Quijote, Las flores del mal*. Sobre París, donde vivió a finales de los años cuarenta. Sobre el andar caminando de noche como un *flâneur*, junto a su «amigo personal» Charles Baudelaire. Sobre las noches, también en Paris, con Octavio Paz y Julio Cortázar. En una de sus escasas entrevistas Martínez Rivas dijo que aquellos eran hispanoamericanos que pertenecían a las élites europeas, mientras él, el hispanoamericano, que abarcando todo lo que ellos sentían, veían y conocían, había permanecido salvaje. O escribía un poema para ella. En la pared. Lo mismo hacía para todas las mujeres que lo visitaban, aclaraba mi vecina.

La mayor parte de sus poemas estaban tirados por su casa o estaban escritos en las paredes. Muy de vez en cuando, una o dos veces al año, aparecía un poema en el diario o en una revista. Su única obra publicada, *La insurrección solitaria*, era de 1953. Un día mi vecina llegó con un tomo de las obras completas de Octavio Paz. Me mostró un texto que había escrito a un año de la aparición del libro de Martínez Rivas. Paz lo llamaba «un nuevo, verdadero poeta y la segura promesa de un gran poeta». Su insurrección solitaria es un acto de rebeldía, según Paz, pero no del rebelde clásico, de los que se apartan. La obra poética de Martínez Rivas está en medio de la vida. Se opone a que la «ola de la Tontería» le inunde a él como a sus semejantes, «dando nombres hermosos al caos amenazante». Un poeta maldito en ropa moderna.

No era suicida, aunque en una ocasión había dicho que eso era su gran remordimiento: no poder terminar, así de sencillo, con *l'ennui* de la existencia y pervivir en sus poemas, tal como lo había escrito en 1947 para su joven amigo fallecido, el poeta Joaquín Pasos. Pasos estaba muerto. El propio Martínez, el romántico, el bohemio, seguía vivo.

En Nicaragua había sido reconocido sólo recientemente. Todo el mundo lo conocía, eso sí. Era una de esas personas que siempre están presentes sin aparecer nunca. Mi vecina decía que un acto social sólo estaba logrado si Martínez Rivas venía. Y que en general brillaba por su ausencia. En 1997 el presidente de Nicaragua le había entregado el Premio Nacional de las Humanidades. «Nuestra gloria nacional», decía el presidente, «no es un conquistador o un héroe de batallas. Es un poeta, Rubén Darío, que es una estrella de una constelación de poetas. Carlos Martínez Rivas es una brillante estrella de la poesía nacional. Su aporte enorgullece a Nicaragua.»

El mismo poeta también se enorgulleció con el premio. Hablaba del momento más importante de su vida de poeta. Los cinco mil dólares en efectivo no le venían mal. Es decir, no es que de pronto hubiera vuelto a tomar. La verdad es que tampoco era su culpa, sino de toda la gente que había venido a verlo después de la entrega del premio. Sobre todo del individuo que había venido con una botella de ron, le había explicado él a mi vecina. No se había parado, terminó en el hospital y luego en la silla de ruedas en la que le vi hasta mi partida en el vano de la puerta de su casa en la otra cuadra en Managua.

En junio del 1998, recién llegado a Holanda, escuché una noticia de la agencia de prensa nacional. Se trataba de un poeta nicaragüense. Había muerto, a la edad de setenta y cuatro años. Su nombre era Carlos Martínez Rivas. El poeta nicaragüense más grande desde Rubén Darío. Se ha terminado *l'ennui*. Pervive en sus palabras, tal y como su difunto amigo Joaquín Pasos. Quizás pensaba en su país de lagos y volcanes cuando en ese poema de hace muchos años le confesó a Pasos que no era fácil vivir en este mundo:

Difícil es y duro luchar contra el Olimpo
acuoso de las ranas. Desde muy niños son
entrenados con gran maestría para el ejercicio de la
Nada.

de: «Canto fúnebre a la muerte de Joaquín Pasos» (1947)

Notas y agradecimientos

Los nombres de algunas personas que figuran en esta obra han sido cambiados para proteger sus vidas privadas.

Una versión distinta, periodística, del cuento «Los hijos de Adiact» fue publicada en *Revista Latina*, n.º 26, 1997 bajo el título «De koninklijke rechten van Subtiava».

El cuento «La fe»—en versión castellana del autor— apareció en julio de 1997 en el diario nicaragüense *La Tribuna* bajo el título «No hay fe».

Los dos cuentos del epílogo, parte de la primera edición holandesa del libro de 1999, no figuran en la traducción inglesa de 2015.

Mis agradecimientos a todas las personas cuyas historias hicieron posible este libro.

Agradezco a Alicia Zamora por su enorme apoyo y toda la información que ha proporcionado y a Jeroen Neumann por sus despiadados comentarios estilísticos.

Finalmente, quisiera exprimir mi gratitud por el excelente trabajo de Ricardo Cuadros, traductor del texto holandés al castellano, y de Ulises Juárez Polanco, por la revisión y la adaptación del texto al habla nicaragüense.

Printed in the United States
By Bookmasters